Cornelia Ziegler

Glücksorte auf der Schwäbischen Alb

Fahr hin & werd glücklich

D

Dieses

Glücksbuch

ist für

Liebe Glücksuchende,

meine Mutter hatte es schon gesagt: „Schreib was über die Schwäbische Alb. Die ist einfach wunderbar.“ In meinem Freundeskreis war die Reaktion auf mein Vorhaben zwiegespalten: Die einen beneideten mich, die anderen zweifelten, was denn an der Region so glückverheißend sein sollte. Nachdem sie mit mir unterwegs auf Recherche waren, haben sie aufgehört zu zweifeln und sind Fans der Schwäbischen Alb geworden!

Für mich gehören auch Nördlingen am Fuß der Alb, Plochingen am Ausläufer der Alb oder Aalen am nordöstlichen Rand zur Schwäbischen Alb meines Herzens, zu dieser Traumgegend. Und was habe ich nicht alles entdecken und erleben dürfen: eine städtische Glückskatze, überraschende Skulpturen und Kunstwege, magische drei Seen und das Glück, versteinerte Urweltlebewesen zu finden.

Mein Dank gilt meiner Freundin Susanne Eppler, einer Schwäbin, wie sie im Buche steht. Zuverlässig, treu und Inhaberin eines mittelständischen Unternehmens. Mit ihr durfte ich weite Teile der Alb entdecken. Denn auch sie versprechen viele Glückserlebnisse: die Bewohner dieses Landstriches.

Ihre Cornelia Ziegler

Deine Glücksorte ...

... noch mehr Glück für dich

Himmelsstürmer

1 Der Himmelsstürmer in Schwäbisch Gmünd

Nach oben blickt man in den weiten Himmel und nach unten in den Himmelsgarten, der mit seinen wunderschönen Blumen geradezu paradiesisch anmutet. Und dazwischen der Suppenstern – ein sternförmig angelegter Garten für Suppengemüse –, eine Imkerei, ein Streuobstzentrum, Kleintierzüchter, Kleingärtner, Spielegolf, ein Klettergarten … Und inmitten dieses Gartens ein wundersamer Turm, 38 Meter hoch und Wahrzeichen der Landesgartenschau. Er ist ein wahr gewordenes Gemeinschaftsprojekt und ein wunderbarer Aussichtspunkt auf Schwäbisch Gmünd und die Drei Kaiserberge. Finanziert wurde der Aussichtsturm im Familienpark Himmelsgarten nicht aus öffentlichen Mitteln, sondern über Spendengelder und eine Vereinsgründung. Schon Monate vor der Landesgartenschau konnte man die Fassadenspiegel kaufen. Es sei „leichter zum Mond zu fliegen oder beim Papst eine Audienz zu bekommen, als in Deutschland eine Baugenehmigung für einen Turm", seufzte der Bürgermeister seinerzeit. Aus 3.700 Lärchenholzschindeln besteht die Turmfassade, gesprenkelt mit nach oben hin immer mehr werdenden Spiegelkacheln, insgesamt 1.300 Stück! Die Konturen des Himmelsstürmers scheinen sich nach und nach aufzulösen, bis es scheinbar zu einer Verbindung mit Sonne und Wolken kommt. Wenn man oben ist, ist die Sicht atemberaubend, und man fühlt sich dem blauen Himmel mit seinen schneeweißen Wolken so nahe – kein Wunder bei dem Namen Himmelsstürmer! Und was kann man nicht alles noch im Himmelsgarten zu Füßen des Himmelsstürmers unternehmen: Beim Wasserspielplatz mit dem naturnahen Teich, dem Floßteich und dem Wasserspielbereich planschen, sich auf der Waldkugelbahn ausprobieren und den Waldentdeckersteg gehen. Man kann sogar im Dinosauriergarten Steine klopfen und Versteinerungen entdecken! Ein perfektes Ziel für Familien. Und wenn es Nacht wird in Schwäbisch Gmünd, dann wird im Licht des Mondenscheins der Himmelsstürmer zu einem Märchenturm wie aus einer anderen Welt.

TIPP

Der LebensWeg im Taubental ist ein Meditationsweg der besonderen Art.

- Aussichtsturm Himmelsstürmer im Familienpark Himmelsgarten, Landschaftspark Wetzgau 1, 73527 Schwäbisch Gmünd, (07 17 1) 6 03 42 50 www.schwaebisch-gmuend.de/himmelsstuermer.html
- ÖPNV: Bus 66, Haltestelle Friedhof Wetzgau (ca. 10 Minuten Fußweg)

Wo die Erde lächelt

2 Die Gönninger Tulpenblüte

Was für eine nie zuvor gesehene Blumenpracht muss es einst für die Menschen gewesen sein, als die ersten Tulpen im 16. Jahrhundert nach Europa gekommen sind. Diese leuchtenden stolzen Gewächse: Aus Mittelasien – in Persien verschenkte man die dort wildwachsende Tulpe als Liebeserklärung – kamen sie über die Türkei, wo sie bis heute als Ornament auf Kleidern, Geschirr und im Sultanspalast zu finden sind, bis hin nach Holland, und von dort weiter nach Mitteleuropa. Bis dato kannte man bei uns nur Blumenwiesen und die Kräutergärten der Klöster, aber keine solche Farbenpracht wie die der Tulpen. In alle Welt gebracht wurden dann ab dem 19. Jahrhundert die Tulpenzwiebeln. Begonnen hatte der Handel mit Blumensamen im 16. Jahrhundert auch in Gönningen, als die Gönninger aus ihrer Lage das Beste machten: Sie hatten nicht genügend Ackerfläche zur Verfügung, wussten sich aber selbst zu helfen. Sie begannen mit dem Handel von Samen, der sich nach und nach ausweitete. Heute gibt es noch immer zwei Samenhändler im Ort. Und einmal im Jahr, Mitte April, steigt das große Tulpenfest, die Gönninger Tulpenblüte, bei dem die schönsten der Schönen bewundert und bestellt werden können. Eröffnet wird das Tulpenfest am Tulpenbrunnen auf dem hübschen Marktplatz, die roten Plastikstühle dort sind als aufklappbare Tulpen gestaltet, überall in den Vorgärten blühen Tulpen. Im ganzen Ort leuchtende Augen angesichts eines solchen Farbenglanzes. Wie sagte doch ein weiser Mann: Blumen sind das Lächeln der Erde. In Gönningen lächeln aber nicht nur die Tulpen, sondern auch die Gartenzwerge zwischen ihnen, heutzutage im modischen Einfarben-Look gekleidet. Der Mensch hat aber fünf Sinne, und so wird auch der Geschmackssinn an diesen Tagen beglückt: Denn während der Tulpentage gibt es den Tulpenknacker, eine ganz spezielle köstliche Bratwurst. Außerdem: Das Samenhandelsmuseum in Gönningen kann das ganze Jahr über besucht werden – einfach nur interessant. Und schön! Untergebracht ist es im mit Jugendstilelementen ausgemalten Rathaus und zeigt so faszinierende Exponate wie eine spezielle, äußerst dekorative Tasche für die Samenhändlerinnen.

- Gönninger Tulpenblüte, Mitte Mai, 72770 Reutlingen-Gönningen
www.tulpenbluete.de
- ÖPNV: Bus 5, Haltestelle Gönningen-Tulpenplatz

Scherenschnitt à la Lotte

3

Das Stadtmuseum Tübingen

Étienne de Silhouette wurde einst auf Empfehlung von Madame Pompadour, der Mätresse von König Ludwig XV., zum Finanzminister ernannt, um die im 18. Jahrhundert äußerst desolaten französischen Staatsfinanzen zu sanieren. Die Steuern auf Land und Besitztum, die er eingeführt hatte, gefielen den Reichen so gar nicht, denn bis dato wurden der Adel und die Kirche nicht besteuert! Als er dann auch noch die Beamtenpensionen gekürzt hatte, wurde er 1759 abgesetzt. Silhouette zog sich nun auf sein Schloss zurück und führte dort eine Schattenexistenz; so wurde sein Name Silhouette auch zum geflügelten Wort für eine andere Schattenexistenz, also für den Scherenschnitt, für den ausgeschnittenen Umriss von Menschen und Szenen. Auch soll er sein Schloss nicht mit Gemälden, sondern mit Scherenschnitten geschmückt haben, seinerzeit eine preisgünstige Alternative für Gemälde. Die mit dem Aufkommen der Fotografie aus der Mode gekommene Kunst ist im Tübinger Stadtmuseum zu bewundern: unglaublich filigrane Scherenschnitte, also Silhouetten, vom bloßen Umrissschnitt bis zu groß angelegten eigenständigen Kompositionen, zum Beispiel ein Tieralphabet als Scherenschnitt (ein Elch steht hier für das E und Fledermäuse flattern für das F) oder die Königin der Nacht aus Mozarts Zauberflöte, auf einer Wand schauen Kühe aus der „Geschichte von den 17 Kühen“ ihren Betrachter mit großen Augen an. Geschaffen wurden die staunenswert zarten Kunstwerke von Lotte Reiniger. 1899 in Berlin geboren, kam sie schon als Siebzehnjährige zum Deutschen Theater, wo ihre ersten Silhouetten-Schnitte zu Szenen mit bedeutenden Schauspielern entstanden sind. Als sie in den 1930er-Jahren nach Athen reiste, lernte sie das griechische Schattenspiel kennen, dessen Technik sie übernahm. Was bis heute so fasziniert an Lotte Reinigers Arbeit, ist dieses Spiel mit Licht und Schatten. Filmfiguren, die über die Leinwand gleichsam schweben und tanzen. Und nie fassbar sind.

● Stadtmuseum Tübingen, Kornhausstraße 10, 72070 Tübingen,
Tel. (07 07 1) 2 04 17 95, www.tuebingen.de/stadtmuseum
● ÖPNV: Bus 9, 10, 11, Haltestelle Krumme Brücke

Ode an die Linde

4 Die Alte Ziegel-Linde in Gönningen

Wollte man die alte Dame umarmen, so bräuchte man etwa vier Menschen, um ihren Taillenumfang von sechs Metern zu umspannen. Für ihr Alter von 450 Jahren ist sie noch ziemlich fit – allerdings können Linden 1.000 Jahre alt werden, und so ist die Alte Ziegel-Linde in der Blüte ihres Lebens! 19 Meter ragt sie hoch auf ihrem grünen Inselchen mitten in Gönningen. Sie ist eine Sommerlinde, ein Naturdenkmal und zugleich einer der ältesten und bedeutendsten Bäume zwischen Schwäbischer Alb und dem Naturpark Schönbuch. Eine altertümliche Holztafel am Baum informiert, dass diese Linde schon vor über 400 Jahren in Nachbarschaft zur bereits 1522 erwähnten Ziegelhütte stand, heute ein malerisches Fachwerkhaus. Bis 1903 wurden hier Ziegelsteine und Dachziegel gebrannt, später wurde es als landwirtschaftliches Anwesen genutzt. Als das Haus in den 1990er-Jahren renoviert wurde, hatte man auch sein Fachwerk freigelegt, das man in früheren Zeiten schamhaft verdeckte, um ein „besseres" Steinhaus vorzutäuschen. Bei den Renovierungsarbeiten fand man darin auch verbaute Eichenbalken aus dem 16. Jahrhundert, die einen Hinweis auf das Alter des Baumes lieferten. Im Gegensatz zur Eiche, die für das Männliche steht, ist die Linde mit ihrem herzförmigen Blatt eine Zeugin für das Weibliche. Bei den alten Germanen sollte die Linde, Weissagungs- und Heilkraft besitzen und so die Wahrheit aufzeigen. Die Linden galten auch als Freiheitsbäume. Derjenige, der sich unter sie stellte, stand von nun an unter ihrem Schutz. Steht man heute unter der Linde in Gönningen, möchte man sie spontan umarmen und sie nach ihrer Weisheit befragen. Was könnte sie nicht alles erzählen, sie, die 400 Jahre lang das Kommen und Gehen beobachtet hat. Und immer hier stand und sich selbst treu geblieben ist.

TIPP

In dem Sträßchen „Im Ländle" nahe dem Rathaus ist an einem halben verfallenen Haus noch ein Abtritt zu sehen, wie er im Mittelalter auch an Burgen angebracht war.

- Alte Ziegel-Linde, Öschinger Straße 4, Gönningen
- ÖPNV: Bus 111, 112, Haltestelle Tulpenplatz (ca. 5 Minuten Fußweg)

Gib zum Brot den Zucker

5 Bäckerei Zaiser: letzter Ulmer Zuckerbäcker

Das Ulmer Zuckerbrot ist nicht mit dem gleichnamigen Brot zu verwechseln, das auch gerne in den neuen Bundesländern gebacken wurde. Dort war es eine typische Notlösung, um altes Brot noch sinnvoll zu verwerten. Die Brotscheiben wurden in Butter geröstet und anschließend mit Zucker bestreut. Doch in der Ulmer Zuckerbäckerei sind die Zutaten keine Reste, sondern sehr hochwertig: Malagawein, Rosenwasser und Gewürze wie Anis. Die Zuckerbäckerei hat nicht nur die stadtälteste Backstube, sondern ist auch die letzte ihrer Art in der Ulmer Innenstadt. Neben zwei Knetmaschinen, einem Mehltrichter, einem Teigzerteiler und einer Arbeitsfläche steht hier natürlich noch das Wichtigste: ein riesiger Ofen. Und mittendrin Martin Zaiser, der jeden Morgen ab 3 Uhr zusammen mit seinem Sohn Denis, einem Gesellen und einem Lehrling Brötchen, Brote und Kuchen zu backen beginnt. Seine Frau Doris steht dann später in der Verkaufsstube, wo sie gerne das Zuckerbrot anpreist und alle Stammkunden beim Namen begrüßt. Seit sechs Generationen geht das schon so, mit dem Sohn Denis Zaiser wird die Bäckerei eines Tages in die siebte Generation übergehen. Heute alles andere als selbstverständlich, denn heute haben schon lange die organisierten Backketten und Supermärkte die Bäckerzunft unterwandert. Ihre Semmeln, die schwäbischen Seelen und Brezeln werden zentral in einer großen Backstube gefertigt und dann in die einzelnen Filialen geliefert. Als die Zuckerbäckerei Zaiser im Jahr 1838 zum ersten Mal den Ofen anwarf, war das Zuckerbrot im Sortiment eines jeden Bäckers, diese Brotsorte gehörte zur Stadt wie das Ulmer Münster. Aber es zeigt sich: Qualität und familiäre Atmosphäre machen den Unterschied. „Das Zuckerbrot erlebt gerade eine Renaissance“, sagt Doris Zaiser. „An den Anis-Geschmack mussten sich viele erst wieder gewöhnen, jetzt verkaufen wir aber mehr denn je.“

TIPP

Das Museum Ulm zeigt Kunst der USA und Europas aus den 1950ern bis in die 1980er-Jahre.

- Bäckerei Zaiser, Herrenkellergasse 17, 89073 Ulm, Tel. (07 31) 6 22 16
- ÖPNV: Bus 6, Haltestelle Rathaus (ca. 5 Minuten Fußweg)

Original
ULM

Schwein gehabt!

6 Die Schweinelegende vom Löpsinger Tor

Überall stehen sie in Nördlingen herum, die Schweine. Und natürlich auch am Löpsinger Tor, dort, wo die Schweinerei einst begonnen hatte. Es war im Jahr 1440, als Graf Hans von Oettingen mal wieder versucht hatte, die Stadt Nördlingen zu überfallen. Also hatte er den Torwächter bestochen, das Tor abends einen Spalt offen zu lassen, damit er mit seinen Leuten im Schutz der Dunkelheit in die Stadt eindringen konnte. Der bestechliche Mann ließ das Tor tatsächlich offen. Gelegenheit für eine abenteuerlustige Sau durch selbiges aus der Stadt zu entwischen. Eine Frau, die abends für ihren Mann noch einen Krug Bier besorgen sollte, entdeckte das Tier und rief: „So, G'sell, so!", anders gesagt: „Halt, du Halunke", und sorgte dadurch für die Festnahme des Torwächters und somit für die glückliche Rettung der Stadt. Die Geschichte mit der Sau und dem geplanten Überfall des Oettinger Grafen lässt sich historisch nicht belegen. Wie auch immer: Die Nördlinger feierten alljährlich diesen Tag bis in das 18. Jahrhundert hinein aus schweinischer Dankbarkeit mit einer Predigt, der sogenannten Saupredigt. Und vor dem Löpsinger Tor steht heute eine steinerne Sau inmitten eines Blumenbeets und schaut listig-lächelnd, als wolle sie sagen: „Ich passe noch heute auf." Im Jahr 2010 wurden in Erinnerung an das Ereignis 220 strahlend weiße Plastikschweine in Nördlingen angeliefert, die heute bunt und individuell bemalt über die ganze Nördlinger Innenstadt verteilt sind. Als Glücksbringer auf dem Dach, in der Fußgängerzone, im Gerberviertel, in den Gassen, auf dem Marktplatz – beinahe vor jedem Geschäft und vor jeder Kneipe. Jedes dieser kunstvoll gestalteten Glücksschweine passt genau dahin, wo es steht, denn es ist so bemalt, wie man es sich an dieser Stelle wünschen könnte. Das Ringelschwänzchen vor dem Blumenladen trägt natürlich Blumen und das vor dem Juwelier ist silberfarben und trägt Ketten. Ein Spaziergang durch Nördlingen: einfach eine schöne Riesensauerei.

TIPP

Das Löpsinger Tor ist eines der fünf Tore in der Stadtmauer, die vollständig begangen werden können.

- Löpsinger Tor, Löpsinger Straße, 86720 Nördlingen
  www.noerdlingen.de
- ÖPNV: Bus 508 Nördlingen, Haltestelle Bleichgraben Erdgas

3,4m

Ich hab Gold gefunden!

7

Schatzsuche im Schiefererlebnis Dotternhausen

In Dotternhausen wird geklopft! Auf dem sogenannten Klopfplatz des Zementwerks sind Ölschieferplatten als Reste aufgestapelt. Hier wird das große Vorkommen an Ölschiefer zweifach genutzt: 180 Millionen Jahre alt ist das Juragestein hier, eine einzigartige Grundlage für die Zementherstellung sowie Energiegewinnung gleichermaßen. Aber auch für Sammler ist das Zementwerk interessant, denn die Schieferschichten beherbergen wunderbare Geheimnisse. Man muss sie nur zu lüften wissen, um dazwischen die verborgenen Versteinerungen zu entdecken. Werkzeug und Schutzbrille ausleihen und schon kann es losgehen! Und hier auf dem Klopfplatz gibt es wahre Meister. Mal ein junges Paar, das große Platten mit riesigen Ammoniten glückstrahlend zum Auto trägt. Oder die türkisch-deutsche Familie, deren Mutter Merlin mit den zwei Söhnen Nadir und Hayati nichtsahnend auf den Klopfplatz gekommen ist, um ein unerwartetes Talent in sich zu entdecken: Merlin findet unglaublich viele Ammoniten. Sie hat „den Schlag drauf“, wie man den Schiefer zertrennt, um Schicht für Schicht quer zu spalten. An einer anderen Stelle freuen sich Kinder laut: „Katzengold! Ich hab Katzengold gefunden!“ Katzengold ist ein anderer Name für Pyrit, der Name leitet sich vom althochdeutschen „Kazzūngold“ ab, was „goldgelbes Kirschharz“ bedeutet. Wer nicht weiß, was er da gefunden hat, findet Rat beim weisen alten Mann im Häuschen am Rande des Klopfplatzes. Er bewertet die Funde, lackiert auch mal gerne die Versteinerungen oder verkauft den geeigneten Lack, um die Kostbarkeiten zum Glänzen zu bringen und besser haltbar zu machen. Zu all dem Finderglück gesellt sich noch ein Bergbauspielplatz zum Toben und Spielen! Und ein Restaurant, wo Kinder auch das bekommen, was sie am liebsten essen: Spätzle mit Sauce oder Pommes mit Ketchup. Im Fossilienmuseum des Zementwerks sind im Werkforum auf dem Gelände der Firma Holcim ca. 1.000 Exponate von Jurafossilien der Westalb wie Fischsaurier, Flugsaurier, Krokodile, Fische, Seelilien, Ammoniten und Kleinfossilien zu bestaunen.

TIPP

Jeden ersten Dienstag im Monat um 18 Uhr findet eine öffentliche, kostenlose Museumsführung im Werkforum Dotternhausen mit Fundberatung statt.

- Schiefererlebnis Holcim GmbH Klopfplatz und Museum, Dormettinger Straße 23, 72359 Dotternhausen, Tel. (07 42 7) 7 92 11
www.holcim.de/de/klopfplatz oder www.schiefererlebnis.de
- ÖPNV: Bus 7440, Haltestelle Schiefererlebnis (ca. 5 Minuten Fußweg)

ROCK PARK

Ali und Rubi

8 Schloss und Kloster Bebenhausen in Tübingen

Beim Rundgang durch das idyllisch auf einer Lichtung im Naturpark Schönbuch gelegene Kloster kommt man aus dem Staunen nicht heraus. Hat man zum Beispiel schon je von einem Sommer- und einem Winterspeisesaal gehört? Und schon einmal so schöne Speisesäle gesehen? Mit eleganten Pfeilern unter dem Sternengewölbe im Sommerspeisesaal, und Eulen, Fischen und anderem Getier an der Decke, dazwischen Blumenranken. Gemütlich kuschelig hingegen der Winterspeisesaal. Und wie schick das Bad und die Toilette von Königin Charlotte. 1915 bis 1916 wurde im alten Schloss renoviert. Auch im Bad und im – pardon! – Plumpsklo. Und ein für die damalige Zeit absolut fortschrittliches Bad eingebaut. Eine skurrile Geschichte zum Schmunzeln: Entgegen den Regeln des Zisterzienserordens wurde der Klosterstifter Rudolf I. 1219 in der Nordostecke des Kapitelsaales direkt vor dem Eingang bestattet. Die Platte der Gruft wurde schmucklos und ohne Inschrift und flach in den Boden eingelassen. Vielleicht sollte damit seine Übertretung der Ordensregeln vertuscht werden. Ach, und draußen im Garten, zogen die Mönche zwischen den schützenden Klostermauern duftende Kräuter und Heilpflanzen heran. Ein Garten von Duft und Pracht ist das! Neben Minze und Liebstöckel kann man auch außergewöhnliche Kräuter entdecken wie den Engelwurz, der bei Magenbeschwerden himmlisch hilft. Draußen steht auch das Denkmal für Königin Charlottes Mann, König Wilhelm II. von Württemberg, der sich die beiden Hofnarren Ali und Rubi, zwei weiße Spitzhunde, hielt. Überliefert ist folgende Geschichte: Am Ende eines Abendessens machten sich die beiden über die Frackschöße eines Würdenträgers her und zerkauten sie komplett. Als sich der hohe Gast beim Oberhofmeister darüber beschwerte, soll dieser ihm todernst beschieden haben: „Ich habe Ihnen ja schon immer gesagt, Exzellenz, dass Sie sich beim Diner keine Koteletten in die Rockschöße stecken sollen." Schloss Bebenhausen beweist, Geschichte kann auch zum Schmunzeln sein.

TIPP

Im Anschluss vielleicht ein Abenteuergolf in Weil im Schönbuch und Einkehr im Waldgasthof Weiler Hütte?

- Kloster und Schloss Bebenhausen, Im Schloss, 72074 Tübingen-Bebenhausen, Tel. (07 07 1) 60 28 02, www.kloster-bebenhausen.de
- ÖPNV: Bus 754, 826, 828, Haltestelle Bebenhausen (Waldhorn)

Der mit dem Besenstiel

9

Die Ulmer Hochschule für Gestaltung

Der Schwabe ist sparsam, ein Tüftler und zelebriert die Kehrwoche. All das findet man im Ulmer Hocker vereint. Er – der Hocker – ist sparsam in der Herstellung, ausgetüftelt in der Funktion und hat einen Besenstiel integriert, der den Hocker zusammenhält. So wie der Besen, genau genommen die Kehrwoche, der kulturelle Kitt zwischen den Schwaben ist. Schwäbischer als dieser sparsame, ausgetüftelte Besenstielhocker kann eine Sitzgelegenheit nicht sein! Denn der Schwabe sitzt nicht da und tüftelt und sinniert und hat vor, sondern der Schwabe tüftelt und setzt dann um! Und das ist das Schöne an all diesen Designobjekten, die hier an der Ulmer Hochschule für Gestaltung (HfG) gezeigt werden: Sie erzählen vom Erschaffen. Wie der Ulmer Besenhocker oder die als „Schneewittchensarg" berühmt gewordene Radio-Phono-Kombination SK 4 der Firma Braun. Zurück zum Hocker. Der entstand auch hier an der Hochschule für Gestaltung in Ulm. Ihren Gründern – Inge Scholl, der Schwester der beiden Widerstandskämpfer Hans und Sophie Scholl, dem Grafiker Otl Aicher, weltbekannt durch seine Gestaltung der Olympischen Spiele 1972 in München, und dem Architekten Max Bill – ging es nicht um dekorative Lampen und schöneres Geschirr. Ihnen ging es um das Große und Ganze: die gesellschaftliche Neugestaltung. Genauer gesagt: Sie wollten dazu beitragen, dass nach dem Ende des Zweiten Weltkriegs in Deutschland eine friedliche, demokratische und freie Gesellschaft entstehen konnte. Und alles auf Anfang setzen, denn, wie der Krieg gezeigt hatte: Die alten Werte hatten den Krieg nicht verhindern können. Die Stunde null war gekommen. Es ging um ein gutes Leben für alle, mit gut gestalteten Gegenständen in einer demokratisch organisierten Gesellschaft. Man wird hier dankbar, in einem friedlichen Land leben zu dürfen! Das an der HfG entwickelte „ulmer modell", ein sowohl auf Wissenschaft als auch auf Technik basierendes Design, also die optimale Verknüpfung eines Hochschulstudiums von praktischer Arbeit und Theorie setzt bis heute Maßstäbe. Und Sichtbeton ist ja heute wieder der Trend!

TIPP

Es empfiehlt sich, an einer Führung durch das interessante Gebäude teilzunehmen.

- Hochschule für Gestaltung – Archiv Ulm, Am Hochsträß 8, 89081 Ulm, Tel. (07 31) 38 10 01, www.hfg-ulm.de
- ÖPNV: Straßenbahn 2, Haltestelle Kuhberg Schulzentrum (ca. 15 Minuten Fußweg)

Frankfurter Zoo
Plakate posters
1964/65
Abteilung department:
Visuelle Kommunikation
Visual Communication,
2. Studienjahr 2nd study year
Dozent lecturer: Kohei Sugiura
Student student:
Peter Polland
Der Grafiker Kohei Sugiura kam auf Einladung von Otl Aicher nach Ulm. Der Japaner stellte die Aufgabe, eine typografische, eine grafische und eine fotografische Lösung für ein Plakat zu entwerfen.
Plakate posters
„Frankfurter Zoo"
1964/65
Abteilung department:
Visuelle Kommunikation
Visual Communication,
4. Studienjahr 4th study year
Dozent lecturer: Otl Aicher
Student student:
Hans-Oscar Thehos
Die Plakatfläche ist zweigeteilt. In der oberen Hälfte platzierte der Gestalter ein Bildmotiv, ein Zeichen oder einen Text. Die untere Hälfte konnte den Namen des Zoos oder eine das Bild erläuternde Erklärung aufnehmen. Für das Farbsystem koordinierte Hans-Oscar Thehos die Nachbarschaft und Ferne zwischen Farbtönen einer gleichen Farbfamilie. So verwendete er ein helleres mit einem dunkleren Grün. Die Bildmotive waren leicht verfremdete Fotografien, die schwarz gedruckt wurden. Dieser zusätzliche Farbkontrast trägt zur plakativen Wirkung bei. Zwei verschiedene Schriftgrößen waren möglich.
The surface of the poster is divided in two halfs. The upper part was used for an image, a sign, or a text. The lower part held the name of the zoo or an explanation for the image in the upper part. Hans-Oscar Thehos coordinated the color system according to vicinity and distance of shades of the same color family. For instance he choose a lighter with a darker shade of green. The images were slightly altered photographs in black print. This additional color contrast added to the graphic quality of the poster. Two different font sizes were possible.
Frankfurter Zoo
10.
ulmer
10.
ulmer

Eine Stadt blüht auf

10 Blumenstadt Mössingen

Es gab ja Zeiten, da wurde alles abgemäht, was so wuchs und blühte. Das war ein fernes Überbleibsel, ein Widerhall aus historischer Zeit, als zu Zeiten des Absolutismus am Hof des Sonnenkönigs alles reglementiert war und keiner den Rasen betreten durfte, dem das nicht gestattet war. Denn der Rasen war keine Wiese, sondern ein „Tapis vert", ein gemähter grüner Teppich. Tempi passati. Mittlerweile blüht der öffentliche Raum wieder auf, einer der Vorreiter in Mössingen war Dieter Felger. Er hat in der Stadt Mössingen damit begonnen, Verkehrsgrünflächen mit verschiedenen Blumenmischungen zu bestreuen. Es dauerte nicht lange, bis diese Blumenpracht weit über die Grenzen von Mössingen bekannt wurde, sodass sich die Stadt zu einer wahren Blumenstadt entwickelt hat. Alljährlich pilgern Blumenfreude in das Städtchen, um Straßenränder und Kreisverkehre zu bewundern bzw. deren Blumenvielfalt. Aber nicht nur optisch erfreuen diese Blumenwiesen. Sondern auch biologisch, denn mittlerweile haben sich diverse Imker in der Region niedergelassen, weil ihre Bienen durch die Mössinger Blumenvielfalt hervorragenden Honig produzieren können. Neben diesen Insekten sind zur Blütezeit über mehrere Monate hinweg wunderschöne Schmetterlinge zu entdecken und das selbst in dicht besiedelten Wohngegenden. Insgesamt konnte die Stadt Mössingen mit der Samenmischung Mössinger Sommer einen Verkaufserfolg erzielen, der seinesgleichen sucht. Mössingen hat aber nicht nur die schönsten Blumen, sondern auch die meisten Kreisverkehre: Sieben (DIE magische Zahl), sind es insgesamt. Und die sind natürlich auch mit Mössinger Blumen bepflanzt. Auf ihnen ließ oben erwähnter Stadtgärtnermeister jedes Jahr eine andere interessante Mischung erblühen – mal als „Monet-Insel", mal als „Blaues Wunder" oder „Ode an die Provence". Auf nach Mössingen!

TIPP

Kranke Vögel finden im Nabu-Zentrum in Mössingen Aufnahme. Besuch und Spenden willkommen!

● Blumenstadt Mössingen, 72116 Mössingen
www.moessingen.de
● ÖPNV: Zug 766, Haltestelle Mössingen

Im Promi-Wohnzimmer

11 Der Literatursalon der Villa Vopelius in Bad Boll

Zur Zeit von Eleonore Vopelius, die 1891 die Villa erbauen ließ, in der sich der Literatursalon befindet, waren Salons die einzige öffentliche Bühne, auf der Frauen am politischen, geistigen, künstlerischen Leben aktiv und gestaltend teilnehmen konnten. Die Salons entstanden während der Französischen Revolution und waren für Frauen Ersatzuniversität. Sie waren auch ein Ort, an dem sich unterschiedliche Klassen im privaten Rahmen begegnen und frei austauschen konnten und sich interessante und internationale Menschen wie Künstler, Wissenschaftler und Politiker trafen. Auch bei den Blumhardts in Bad Boll, die in der Villa Vopelius wohnten, trafen sich hochinteressante Menschen: der Pfarrer, Dichter und Sammler Eduard Mörike (unternahm gerne Wanderungen, bei denen er nach Versteinerungen suchte), Ottilie Wildermuth (eine der meistgelesenen Schriftstellerinnen des 19. Jahrhunderts), Ludwig Richter (Maler und Autobiograf), Friedrich Mann (alias „Christian Buddenbrook"), Elisabeth von Ardenne (alias „Effi Briest"). Weiterhin waren da: Hermann Hesse (er hatte damals schrecklichen Liebeskummer) oder auch der Dichter Gottfried Benn. Was an dem Literatursalon so sehr beeindruckt, ist nicht nur das imposante Gebäude, in dem er untergebracht ist. Sondern auch die Harmonie von im Grunde gegensätzlichen Lebenswelten, die hier einst vereint wurden. Die Villa war ein Hort beglückender geistiger Freiheit, wo jeder denken durfte, was er eben denke wollte. Leben und leben lassen hieß die Devise. Das allerdings auf einem sehr hohen Niveau. Eine Atmosphäre, die noch heute imponiert: Auszüge aus Briefen, die Hermann Hesse an seine Eltern schrieb, ein Lehnstuhl und ein Schrank aus dem 19. Jahrhundert und ein Erker, durch dessen Fenster der große Raum mit Licht durchflutet wird. Ein jeder Gegenstand im Literatursalon der Villa erzählt eine Geschichte. Der Salon ist in die Evangelische Akademie integriert und tagsüber kostenlos zugänglich.

TIPP

Und nach dem Besuch der Villa, auf ins freundlich-helle Café Körpers!

- Evangelische Akademie Bad Boll, Akademieweg 11, 73087 Bad Boll, Tel. (07 16 4) 7 90, www.ev-akademie-boll.de
- ÖPNV: Bus 20, Haltestelle Bad Boll Ev. Akademie/Reha-Klinik (ca. 2 Minuten Fußweg)

Von Knopf zu Knopf

12

Der Sagenweg in Pfullingen

Schon der Ort selbst ist sagenhaft, denn am Ursulaberg hauste Pfullingens bekannteste Sagengestalt, die Fee Urschl, zum Leben in Holz gebracht wie alle anderen Gestalten auf dem Pfullinger Sagenweg vom Holzsägekünstler Billy Tröge. Symbol und Wegweiser für den Pfad ist der hölzerne Remmselesstein, auf dem vor allem Fuhr- und Bauersleute den sogenannten Remmsele geopfert haben, um so für den weiteren Weg die Hilfe der guten Frau zu erbitten. Ein Remmsele ist ein runder Hosenknopf aus Hirschhorn mit fünf Löchern, angeordnet wie auf einem Spielewürfel. Noch heute kann man in Erinnerung an diesen alten Brauch hin und wieder Geldstücke anstelle eines Remmseles auf dem Remmselesstein entdecken. Spannend auch die Geschichte vom schlafenden Grafen, der hier auf dem Sagenweg dargestellt ist. Als er mal wieder zur Jagd einlud und die ganze Gesellschaft in den tiefen Wäldern unterwegs war, fehlte plötzlich der adlige Jäger, der die Orientierung verloren hatte und auf einem mit Moos überwachsenen Stein eingeschlafen war. Am nächsten Tag berichtete er begeistert, wie gut er auf dem Pfulben, einem Kopfkissen, geschlafen habe. So kommt es, dass das Pfullinger Stadtwappen heute einen „Pfulben" zeigt und wohl das einzige Stadtwappen weltweit ist, das sich mit einem Kopfkissen schmückt. Anders als der schlafende Graf waren die Mitbewohnerinnen der Urschl nicht draußen zu finden, sondern im Berginneren. Diese mysteriösen Gestalten findet man auch auf dem Sagenweg. Sie kamen in den Abendstunden in ihren langen, weißen Kleidern und roten Strümpfen zu zweit oder zu dritt oft nach Pfullingen herunter, um den armen Webern beim Spinnen zu helfen. Alte Pfullinger schworen bei ihrem hochheiligen Kehrbesen, Löcher gesehen zu haben, die in den Berg hineinführten, die Nachtfräuleinslöcher, in denen die fleißigen Damen abends verschwanden. So fleißig sie waren, in einem Punkt waren sie pingelig: Man durfte auf keinen Fall ihre Füße sehen, denn die glichen Entenfüßen. So geht es munter weiter mit skurrilen Geschichten auf dem Pfullinger Sagenweg!

TIPP

Bei den Nachtfräulein lockt das Restaurant Fritz mit stylishem Inneren, und hölzernen Sonnenterrassen.

- Pfullinger Sagenweg, Schulstraße 26, 72793 Pfullingen
  www.pfullingen.de
- ÖPNV: Bus 2, Haltestelle Lindenplatz (ca. 5 Minuten Fußweg)

Für Körper und Seele

13 Das Museum Brot und Kunst in Ulm

Man erlebt im Museum Brot und Kunst in Ulm „Bissen für Bissen", wie aus Jägern und Sammlern langsam sesshafte Getreideanpflanzer geworden sind. Wie sie Häuser gebaut haben und Städte errichtet haben. Wie man begonnen hat, Eigentum anzuhäufen. Und all das hat mit dem Anbau von Getreide angefangen. In der Kunstausstellung hängt hochkarätige Kunst, sie reicht vom 15. ins 21. Jahrhundert. Mit Malern wie Chagall, Pechstein und Picasso bis zu Lüpertz und Jankowski. Mit Stillleben und expressionistischen Landschaften, altmeisterlichen Dorfszenen oder –zum Schmunzeln – Videoarbeiten über Jäger und Sammler im Supermarkt. Lange bleibt man vor den detailreichen Bilderwelten von Pieter Breughel stehen und staunt anschließend dann über die surrealistische Skulptur „Retrospektive Frauenbüste" von Salvador Dalí. Und wer kennt es nicht, „Das Abendmahl" von Leonardo da Vinci, auf dem Brot und Wein für den christlichen Glauben stehen. Wie Wissenschaftler festgestellt haben, zeigen aber im Lauf der Zeit viele Neuinterpretationen des Gemäldes einen immer größeren Laib Brot. Brot ist ein Thema der Gesellschaft. Denkt man einmal an Brotmaschinen. Noch um die Jahrhundertwende zum 20. Jahrhundert war man sich einig: eine Brotknetmaschine ist menschenfreundlich, weil sie das Brot bezahlbar macht. Heute werden nahezu alle Lebensmittel industriell produziert und also wächst die Sehnsucht nach Handgemachtem, Individuellem. Dann das Thema Mutterkorn: Das Korn war der Teufel im Brot. Ein giftiger Pilz, der wie ein schwarzes Korn aussieht und sich vor allem an Roggen andockt. Früher wurde er oft mit gemahlen und gegessen, führte zu Halluzinationen, höllischen Schmerzen, abfaulenden Gliedern, und sogar zum Tod. Die Bruderschaft der Antoniter pflegte die daran Erkrankten. Und sahen in den Symptomen das Wirken des Teufels. Weißes, reines Brot gehörte zu ihren Heilmitteln. Im 20. Jahrhundert experimentierte die Firma Sandoz damit – und fand das LSD. Brot ist eben mehr als nur Nahrung. Hier im Museum Brot und Kunst kann man so einfach Spannendes über etwas scheinbar Normales erfahren!

- Museum Brot und Kunst – Forum Welternährung, Salzstadelgasse 10, 89073 Ulm, Tel. (07 31) 6 99 55, www.museumbrotundkunst.de
- ÖPNV: Straßenbahn 1, 2, Haltestelle Theater

Bitte nicht berühren

Dem Himmel näher

14 Die St. Anna-Kapelle auf dem Kornbühl

Das glaubt man sofort: dass die St. Anna-Kapelle, die auch Salmendinger Kapelle genannt wird, als die am schönsten gelegene Bergkapelle auf der Schwäbischen Alb gilt. Und davon gibt es wahrlich viele. Das Kapellchen aus dem 16. Jahrhundert ist einer Heiligen gewidmet, der heiligen Anna, der Mutter Marias und der Großmutter Jesu, die für Liebe, Gnade und Anmut steht. Erstmals erwähnt wurde das Kapellchen, das hoch oben auf dem Berg liegt, im Jahr 1507. Damals betreuten Einsiedler, die sich zu einem mönchischen Leben verpflichtet hatten, die St. Anna-Kapelle. Ihre Eremitenklause stand windgeschützt in einer Felsnische 30 Meter östlich der Kapelle. Heute ragt dort ein rotleuchtender Kirschbaum auf, der von grünen Hecken umgeben ist. Der Hügel selbst wirkt auf den ersten Blick kahl, wie hingetupft nur einzelne duftende Wacholderbüsche, aber der erste Eindruck täuscht: Alleine acht verschiedene Orchideenarten gedeihen hier. Wie so oft geht diese Schönheit auf eine wirtschaftliche Notlage zurück: Vor hundert Jahren mussten die Bauern auch diesen sonnigen Hang wirtschaftlich nutzen. Die flacheren Hangpartien für den Ackerbau, die Steilhänge oben am Hang fürs Viehfutter, das man von dort per Hand abtransportierte. Im Herbst trieb man die Rinder und Ziegen hinauf. Der 886 Meter hohe Hügel wird geologisch als Zeugenberg bezeichnet, ein treffender Ausdruck, denn er ist Zeuge dafür, wie die Landschaft hier ausgesehen hat, bevor Wind und Wasser im Laufe von Millionen von Jahren diesen Miniberg herausmodellierten. Heute führt ein Kreuzweg mit 14 Stationen zur schönen Kapelle hinauf, die zum Innehalten und Nachdenken einladen. Hier auf dem Berg mit der eigenartig kegelartigen Form, der von der weithin sichtbaren Kapelle gekrönt wird, lässt es sich zur Ruhe kommen. Kein Wunder: Von alters her bauten Menschen auf Hügeln gerne Gotteshäuser, um so dem Himmel auf Erden ein Stück näher zu sein.

TIPP

Nach dem Kapellenbesuch dann ins Wirtshaus, ins Restaurant „Zum Kesselhaus".

- St. Anna Kapelle, Kornbühl, 72393 Burladingen
  www.burladingen.de
- ÖPNV: Rad-Wander-Bus 5, Haltestelle Kapelle

Ein Freund fürs Leben

15 Das Steiff Museum in Giengen

Ältere Schwaben hatten sich noch erinnert: dass des Öfteren von einem gewissen „Gretle“ in ihrer Verwandtschaft gesprochen wurde, das Einfälle und auch eine geschickte Hand habe und sich mit dem Nähen von Puppen und dem Erfinden von Spielzeug beschäftigen würde. Das Gretle, Margarete Steiff, stellte zunächst Nadelkissen und anderes Nähzubehör her. Ihr Neffe brachte sie dann auf die Idee, ein Nadelkissen in Bärenform anzufertigen. Das führte zu einer kleinen Bären-Plüschfigur, die als Kinderspielzeug dienen sollte. Dann stellte sie ihn auf der Leipziger Frühjahrsmesse aus. Ein amerikanischer Vertreter, der noch ein Mitbringsel für sein Kind zu Hause suchte, kaufte ihn und nahm ihn mit nach Amerika. Seinem Kind gefiel er allerdings nicht, weswegen er ihn weiterverschenkte. So gelangte der kleine Bär schließlich in das Schaufenster eines Geschäftes, wo er vom Sekretär von Theodore Roosevelt als Geschenk für die Tochter des Präsidenten gekauft wurde, die sich in den Bären verliebte und ihn nach ihrem Vater Teddy benannte. Bald waren die Amerikaner vom Teddybären begeistert und bestellten auf der nächsten Frühjahrsmesse gleich 3.000 Stück davon. Die Teddys reisten auf der Titanic in die USA … Kein Einziger dieser Urteddys ist je wiederaufgetaucht. Tatsächlich nicht? Im Steiff Museum erzählen einige von ihnen ihre Geschichte, wo sie gelandet sind, in Italien, Frankreich, England, und was sie dort erlebten. Alle sieben Minuten beginnt eine zwanzigminütige Führung durch die wunderbare Steiff-Welt. Das Museum besteht unter anderem aus einem begehbaren Theater, das besonders bei den Kindern beliebt ist. Für die Erwachsenen ist der Hit im historischen Teil zu finden, wo Steiff-Tiere ab dem Jahr 1880 sitzen: der Steiff-Igel Mecki. Wer erinnert sich nicht an das pfiffige Kerlchen? Am Schluss dann das Erinnerungsfoto auf dem Steiff-Elefanten und hinab geht es durch eine 15 Meter lange Steiff-Rutsche. Selbst im Restaurant ist der Bär los, mit Bärennuggets und Bärennudeln …

TIPP

Im Sommer gibt es ein zweitägiges Fest, im Winter einen Adventsmarkt.

- Steiff Museum, Margarete-Steiff-Platz 1, 89537 Giengen, Tel. (07 32 2) 13 15 00 www.steiff.com
- ÖPNV: ab Bahnhof Giengen ca. 3 Minuten Fußweg

Traumausblick & Götterspeise

16 Das Lagerhaus in Gomadingen-Dapfen

„Nix gsagt, isch au globt", sagt der Schwabe. Kurz und gut: Er neigt nicht zu allzu heftigen Komplimenten. Und zur Lobhudelei in eigenen Sachen schon gar nicht. Und so beschreibt man im Lagerhaus an der Lauter die hauseigene Außenterrasse als „gemütlich". Welch Untertreibung für diese verwinkelte Welt, deren Zugang im rückwärtigen Teil schon überaus romantisch ist: Überquert man die kleine Brücke über die Lauter, kann man sich schon einen der idyllischen Plätze auf einer der verschiedenen Außenterrassen aussuchen oder im Sommer auch mal in den Bach hüpfen! Innen raumhohe Fenster – das Haus war ja mal ein Lager –, an denen entlang Zweiertische für Verliebte stehen oder auch für Freundinnen und ihre Geheimnisse. Natürlich gehören zu so viel Vintage auch das Nähmaschinenunterteil für den Tisch, der gusseiserne Ofen, aber auch die schicken Baden-Baden-Stühle mit ausgespartem Tragloch oben an der Lehne. Und an der Decke freigelegte Balken. Bei kühlem Wetter sorgt ein Kaminofen für wohlige Wärme. Von der Straßenseite sieht das Café eher unscheinbar aus, doch betritt man es, wird man von aromatischen Kaffee-aromen begrüßt, denn hier wird der Kaffee frisch geröstet und der Kuchen selbst gebacken – übrigens ausschließlich mit Dinkelmehl aus der Region. Weiterhin auf der Speisekarte: Köstlichkeiten wie salzige Crêpes, Knödelgerichte, unter anderem mit Gorgonzola-Walnusssauce. Zu bestimmten Terminen gibt es ein 15-Gänge-Menü „SCHWÄBISCH QUERBEET", ein kulinarischer Gang durch die schwäbische Küche zu Großmutters Zeiten. Im Sommer unbedingt auf der Zunge zergehen lassen: den Lagerhausbecher mit drei Kugeln Eis, Kakaonibs, Pralinensauce, Aprikosenkaramell und Sahne. Kakaonibs sind die ursprünglichste Art des Kakaos: getrocknete und in kleine Stücke gebrochene Kakaobohnen, auch „Speise der Götter" genannt. Jeden ersten Samstag im Monat wird ein Schokoladenmenü geboten. Eine weitere Spezialität des Hauses: die Seifenmanufaktur. Herrlich duftende Kunstwerke, ganz ohne Plastikverpackung!

TIPP

Zum Stöhnen guten Büffelkäse gibt es in der Hofkäserei in Hohenstein-Ödenwalstetten. Sonntags auch geöffnet.

● Lagerhaus an der Lauter, Lautertalstraße 65, 72532 Gomadingen-Dapfen, Tel. (07 38 5) 96 58 25, www.lagerhaus-lauter.de

● Bus 264, Haltestelle Dapfen (ca. 5 Minuten Fußweg)

LAGERHAUS

Im Herzen der Poesie

17 Der Hölderlinturm in Tübingen

Zum 250. Geburtstag von Friedrich Hölderlin, dem genialsten deutschen Dichter, haben sich die Tübinger ein großes Geschenk gemacht: Sie haben den Wohnturm des Poeten in neuer Schönheit erblühen lassen. Im späten 19. Jahrhundert wurde der Turm nach Hölderlin benannt, der dort von 1807 bis zu seinem Tod im Jahr 1843 lebte. Heute kann man dort seine Verse sehen, hören und fühlen sowie die Entstehungsgeschichte von Dichtung verstehen. Ein Metronom im Turm schlägt die Bewegungen, die Hölderlin dereinst antrieben. Strenge Rhythmen, gegossen in griechische Versmaße. Beim Handauflegen auf einem Holz spürt man das pulsierende Versmaß seiner Strophen. Auf dem kleinen Gartenweg unterhalb des Turms kann man im Rhythmus eines Gedichts gehen, das in unterschiedlichen Geschwindigkeiten über einen Kopfhörer zu hören ist. Und dabei am Knirschen der eigenen Schritte auf dem Weg wahrnehmen, wie Hölderlins Hexameter in Bewegung entstanden sein müssen, Gedichte eines unruhigen Wanderers. Hier kann man erfühlen, wie Hölderlin im Studentenstift seinen Kommilitonen auf den Nerv gegangen sein muss, wenn er im Schlafsaal im Rhythmus seiner Gedichte auf und ab ging. Die Jahreszeiten sind hier die erzählerischen Leitmotive der Ausstellung – so, wie sie auch Hölderlins Naturlyrik geprägt haben. Der Blick von Hölderlins Zimmer nach draußen auf den Neckar ist immer noch betörend schön – obgleich die Platanenallee auf der Neckarinsel erst nach Hölderlins Aufenthalt im Turm angelegt wurde. Vor dem Fenster liegen in einer Vitrine all die Bücher, in denen des Dichters Geisteszustand diskutiert wird. Wenn der Fluss am Turm vorbeiplätschert und man die grünen Bäume betrachtet, fühlt man sich in dieser malerischen Natur in Hölderlins Verse hineinversetzt, in denen er seinen Neckar mit seinen lieblichen Wiesen und Uferweiden beschrieben hat.

TIPP

Der Tübinger Literaturpfad führt zu 40 Orten und Gebäuden in der „Stadt der Dichter und Denker".

- Hölderlinturm, Bursagasse 6, 72070 Tübingen, Tel. (07 07 1) 2 20 40
www.hoelderlin-gesellschaft.de
- ÖPNV: Bus 1, Haltestelle Hölderlinstraße

OPEN

18 Das Oldtimermuseum Zollernalb in Hechingen

„So einen hatte ich auch! Aber in Grasgrün", jubelt die Besucherin und strahlt angesichts des feuerroten VW Karmann Ghia. Und eine andere kann sich nicht vom blauen Sofa lösen, das sie an ihre glückliche Kindheit erinnert. Eine Abordnung Feuerwehrmänner bewundert einen alten Feuerwehrwagen und kommt ins Fachsimpeln. Über drei Jahrzehnte Sammlerleidenschaft stehen hier im Oldtimermuseum Zollernalb in Hechingen, das im Juni 2009 eröffnet wurde. Drei begeisterte Oldtimer-Enthusiasten haben es gegründet und stellen hier ihre vierrädrigen Lieblinge vor, im Wechsel immer mal wieder einen anderen. Die alten Autos laufen auch heute noch, anders als die neuen, die – so sagt Georg Lohmüller, einer der Museumsgründer, – nach 20 Jahren nicht mehr funktionieren. Hier stehen nicht nur die Oldtimer, sondern auch anderes aus der Zeit dieser Autos: ein alter Campingwagen mit Campingdach, -tisch und -geschirr, Kinderwagen, eine Puppe mit Kleidern aus den Fünfzigern, vor dem Rolls Royce ein edler Picknickkorb, irgendwo ein ganzes Wohnzimmer mit Sitzgruppe und eine Anrichte aus den 1960er-Jahren. Weil das Gebäude, das ehemalige Kaufhaus im Herzen von Hechingen, so weitläufig ist, findet sich auch noch Platz für ein Kalendermuseum. Die Prachtstücke haben einen eigenen kleinen Raum und schmücken dort die Wände. Eine Litfaßsäule mit ausgewählten Reklamen ist auch noch zu sehen. Zum Beispiel die für Tanatol, die versichert, dass das Mittel „Schwaben, Russen und Kakerlaken" sicher vernichtet, wobei Schwaben und Russen Schabenarten sind. Oder die Reklame für den Toilettenmarkt, bei dem es nicht um Toiletten ging, sondern um Kleider oder Hüte. Feste feiern kann man im Museum auch noch. Für wenig Geld für Geschirr und Service ist man dabei. Essen und Getränke darf jeder selbst mitbringen. Auf Wunsch können die Lohmüllers auch eine Band vermitteln. Regelmäßig gibt es hier auch noch Rock-'n'-Roll Partys. Menschen, die für ihre Leidenschaft brennen, sind immer beglückend.

- Oldtimermuseum Zollernalb, Obere Mühlstraße 7, 72379 Hechingen, Tel. (01 79) 2 23 12 57, www.oldtimermuseum-zollernalb.de
- ÖPNV: Bus 305, Haltestelle Stock (ca. 5 Minuten Fußweg)

10
OLDTIMERMUSEUM
ZOLLERNALB

Goldenes Glück

19 Käsekuchen und mehr auf dem Ulmer Wochenmarkt

Wie heißt es doch? Umwege führen schneller zum Ziel. Wie wahr bei Stefan Linder, der in seinen Zwanzigern ein bisschen herumgejobbt hat, ein bisschen herumgereist ist, aber trotz allen Ausprobierens nicht wusste, was das ist, was er besser kann als alle anderen. Das eine, das seinem Leben Sinn gibt. Als er um die 30 war, begann er, seine wahre Bestimmung zu entdecken: Käsekuchen backen. Nach einem Rezept seiner Mutter, die ihm allerdings vom Käsekuchenbacken abgeraten hatte. Zu aufwendig in der Herstellung, zu kostspielig in den Zutaten. Doch Stefan Linder ließ sich nicht abschrecken, probierte und probierte und ließ seine Familie und Freunde häppchenweise kosten. Bald war es so weit: Sein Freund, Wirt im Goldenen Adler im badischen Teil vom Ländle, riet ihm, auf den Markt zu gehen. Seine Käsekuchen musste Stefan Linder nicht erst auf dem Stand aufstellen, die Leute kauften ihm die Köstlichkeit schon vom Lieferwagen weg. Es hat sich gelohnt: Man findet den Badner auf vielen Märkten der Region und eben auch in Ulm. Sein Käsekuchen wird heute sogar bis ins ägyptische Sharm el Sheik im Koffer mitgenommen. Stefan Linder ist angekommen. Wie hatte sein Freund einst gesagt: „Man muss halt auch mal hartnäckig sein im Leben". Auf dem Ulmer Markt gibt es aber noch ein anderes goldgelbes Glück oder auch goldenes Glück, so wird der Eierlikör auch genannt. Mit Eiern von glücklichen Hühnern. Und Schupfnudeln gibt es ebenfalls, die auch als Bubespitzle bezeichnet werden, der Name bedarf keiner Erklärung … aber die weitere Bezeichnung „Bauchstecherle", keinem Geringerem als dem Maler Carl Spitzweg zu verdanken. Er soll angeblich eine Vorliebe für das Gericht gehabt haben, klebte in das Kochbuch neben sein geliebtes Rezept ein Bild: zwei fechtende Eheleute, von denen einer dem anderen mit dem Degen einen Stich in den Bauch versetzt. Es gibt aber nicht nur Schwäbisches hier auf dem Markt, sondern auch Südliches: leckerste Olivenölsorten, Brotaufstriche, Knoblauch … Oh, wie das duftet: Bitte, ein Schälchen von dem Knoblauchaufstrich. Hm …

● Ulmer Wochenmarkt, Münsterplatz 1, 89073 Ulm
www.stefans-kaesekuchen.de
● ÖPNV: Bus 5, 7, Haltestelle Münsterplatz

Freiland
XL
28

Hecken als Wände

20 Schloss Hohenstadt in Abtsgmünd

Zu einem Schloss gehört ein Garten wie der Berg zur Burg. Denn in der Barockzeit, der Blüte der Schlösser und der Schlossgärten, war es einfach viel zu eng im Schloss für die vielen Adligen. Also musste ein Garten her, für die Repräsentation und damit sich die vielen Menschen auf dem Gelände verteilten. Die Wände der „Zimmer" waren die Hecken, auf Gartendeutsch „Bosquetten", sozusagen die Raumteiler im Park. Die Ältesten von ganz Europa stehen in diesem idyllisch abgelegenen Garten von Schloss Hohenstadt in Abtsgmünd. Er ist in Privatbesitz und ganz charmant historisch über ein Drehkreuz erreichbar. Mehr als 7.000 Büsche sind es, die hier Wände, Türen und Fenster zu Zimmern unter „freiem Himmel" formen. Und wie es sich für einen Barockgarten gehört, findet man auch hier Rosen über Rosen, die herrlich duften, denn wie hieß es doch in der Barockzeit: „Die Rose muss einen der ersten Plätze unter den Blütensträuchern beanspruchen. Zweifellos ist sie eine der schönsten, vielfältigsten, angenehmsten, sowohl durch die Menge und Dauer ihrer Blüten als auch durch den Glanz und den süßen Duft, den sie verbreiten." Doch man findet nicht nur die wohlriechende Blume hier im Garten. Beim Flanieren durch den kleinen Park gibt es eine Überraschung: Ein gewaltiger Riesenmammutbaum ragt in die Höhe. Mammutbäume wurden erstmalig auf Initiative von König Wilhelm I. von Württemberg gezogen. Er ließ kurz nach ihrer Entdeckung in den USA im Jahr 1852 Samen nach Württemberg importieren und im Südwesten Deutschlands verteilen. Der König soll „ein Löt Samen" bestellt haben, die Amerikaner haben die Maßeinheit mit „a lot" (viel) übersetzt. Also kamen statt der gewünschten 15 Gramm ca. 100.000 Stück in Schwaben an. Und seitdem wuchs hier der Mammutbaum, der mit zwei Baumspitzen in den Himmel ragt, nachdem in ihn ein Blitz eingeschlagen hat. Im 1760 als Lusthaus angelegten Schlösschen am Ende des Parks heiraten heute gerne Liebespaare. Eine malerische Kulisse, und auch drinnen im ersten Stock sind wunderschöne Fantasielandschaften an die Wand gemalt.

- Schloss Hohenstadt, Amtsgasse 10, 73453 Abtsgmünd, Tel. (07 36 6) 9 64 95 27 www.grafadelmann.de
- ÖPNV: Bus 7689, Haltestelle Abtsgmünd-Hohenstadt

Der schiefe Turm

21

Die Johanniskirche in Schwäbisch Gmünd

Mit dem Schiefen Turm in Pisa kann der auf morastigem Untergrund stehende Turm von Schwäbisch Gmünd nicht mithalten. Aber schief ist der Turm der Johanniskirche mit seiner Neigung von 1,1 Grad und einem Überhang von ca. einem Meter auch. Im Vergleich zum Turm von Pisa steht er allerdings aufrecht. Wer die Kirche betritt, kommt aus dem Staunen nicht heraus. Bunte Farben, wohin das Auge reicht. Ausgemalt wurde die Kirche im 19. Jahrhundert im heute selten zu findenden Stil der Nazarener, weil diese Kunstrichtung lange als rückwärtig und kitschig abgetan wurde. Ihre Vertreter malten sehr farbenfreudig, ihre Vorbilder waren der frühe Raffael und der „einfache und ehrliche" Stil von Albrecht Dürer. Die Nazarener sind aber nicht der Grund, warum die Stadt auch als „Schwäbisch Nazareth" betitelt wird, und auch nicht ihre vielen Klöster. Sondern es sind die vielen Männer mit dem Vornamen Ignaz, kurz Naze. Gegründet wurde die Johanniskirche der Legende nach, weil Agnes, Gemahlin Herzog Friedrichs von Schwaben, auf der Jagd ihren Ehering verloren hatte. Ihr Mann gelobte, an der Stelle, an der sich der Ring wiederfände, eine Kirche zu bauen. Bald darauf fand er sich: Er hing im Geweih eines erlegten Hirsches. Und so ließ Friedrich die Johanniskirche errichten. Ein Blick in den Chorraum zeigt diese Geschichte auf einem großen Ölbild. Attraktion des Kirchenschiffs ist außerdem die Pfeilermadonna, auch staufische Madonna genannt. Die Figur, geschaffen vermutlich im ausgehenden 12. Jahrhundert, steht im Innenraum unter dem Chorbogen. Wer noch hoch hinaus will, kann die 164 Stufen nehmen, die den Kirchturm hinaufführen, und von oben die Aussicht über den pittoresken Marktplatz mit seinen farbenfrohen Fachwerk-, Barock- und Rokokobauhäusern, das Remstal und auf die Drei Kaiserberge genießen. Jede Stufe trägt den Namen ihres Stifters, bzw. ihrer Stifterin, seit der Turm restauriert werden musste und auf Sponsoren angewiesen war. In der Turmstube wiederum hauste noch bis in die 1930er-Jahre die Türmerfrau mit zwei Enkelinnen.

TIPP

Interessant ist die Ausstellung in der Kirche über die Symbolik von Flora und Fauna in der Sakralkunst.

● Johanniskirche, Bocksgasse 9, 73525 Schwäbisch Gmünd, Tel. (7171) 6 03 42 50
www.muensterbauverein.org

● ÖPNV: Stadtbus, Haltestelle Unterer Marktplatz

Die weltweit engste Gasse

22

Die Spreuerhofstraße Reutlingen

Wer kennt ihn nicht, diesen Ausspruch: „Durch diese hohle Gasse muss er kommen"? In besagter Gasse soll Wilhelm Tell 1307 den habsburgischen Landvogt Hermann Gessler erschossen haben. Mit einem Mord kann Reutlingens Gasse wohl nicht aufwarten, aber mit einem Superlativ: mit der schmalsten Straße bzw. Gasse der Welt. Die Spreuerhofstraße hat es 2007 in das Guinnessbuch der Rekorde geschafft und somit die Parliament Street in der südenglischen Stadt Exeter von ihrem Podest gestoßen. Vorher war die kleine Gasse für die Reutlinger nur eine Abkürzung. Bis eine kluge Frau im Tourismusamt den Marktwert dieser Kuriosität entdeckte, als sich eine chinesische Delegation anmeldete. Die hatte nämlich etwas Einmaliges, absolut Sehenswertes in Reutlingen erleben wollen. Und was ist einmaliger als ein weltweiter Rekord? So kam es, dass der chinesische Staatspräsident Hu Jintao feierlich diese Gasse beging, soweit man bei einer Breite von 31 Zentimetern davon sprechen kann. Die Straße führt am Gebäude mit der Hausnummer 9 vorbei und hat eine Länge von 3,80 Metern an ihrer engsten Stelle. Da sich das Gässlein auf städtischem Grund befindet, gehört sie zum öffentlichen Straßenbereich, was überhaupt die Voraussetzung für den Titel der „engsten Straße" war. Die Spreuerhofstraße war nach dem Stadtbrand von 1726 entstanden, bei dem 80 Prozent der Gebäude zerstört wurden. Der Spreuerhof, nach dem sie benannt ist, war ein Getreidelager für das Reutlinger Spital, und die Gasse war vermutlich als Fluchtweg gedacht. Die Leiterin des Reutlinger Stadtmarketings sagt über die Gasse: „Die Schwaben sind bekannt für ihre Bescheidenheit, deswegen ist das ein typisch schwäbischer Rekord." Und weiter: „Die Straße ist Reutlingens kleinste Attraktion, aber sehr bedeutend." So kommt es, dass bisher mehr als 20 Exemplare des Hinweisschildes geklaut wurden und das Schild heute mit Spezialschrauben befestigt ist. Es ist ein einmaliges Erlebnis, wenn man die kleinste Straße der Welt passiert hat. Man ist immer froh, es geschafft zu haben – und noch mehr, wenn man überhaupt noch durchkommt …

TIPP

Ein schöner Kontrast zur engen Gasse ist der großzügig angelegte Stadtpark der Pomologie.

- Spreuerhofstraße, Informationen über Tourismus Reutlingen, Marktplatz 2, 72764 Reutlingen, www.tourismus-reutlingen.de
- ÖPNV: ab Hauptbahnhof Reutlingen ca. 10 Minuten Fußweg

Spreuerhofstraße
Reutlingen
Engste Straße der Welt
Breite: 31 cm
Narrowest street in the world
Width: 1 ft

Gerüchte und Geschäfte

23 Im Limesmuseum in Aalen

Man kann den etwa 550 Kilometer langen „deutschen" Limes als Grenze zwischen der Weltmacht Rom und den Germanen bzw. Kelten sehen, aber auch als eine identitätsstiftende Verbindungslinie zwischen den beiden Kulturen. 2019 öffnete das runderneuerte Limesmuseum in Aalen wieder seine Pforten und lässt den Alltag im Kastell nacherleben. Die Ausstellung und das Außengelände des Museums sind übersät mit beeindruckenden Funden aus der Römerzeit. Und man kann sogar Zeugen von damals treffen! Wenn man vor eine Lichtschranke tritt, führen auf Bildschirmen dargestellte Personen durch das Museum. Darunter auch der Präfekt Marcus Ulpius Dignus, der mit stolzgeschwellter Brust erzählt, wie er hier das größte Militärlager nördlich der Alpen befehligte: 1.000 römische Soldaten mit ihren Pferden. Ziemlich spannend! Und wen trifft man hier noch? Die alleinerziehende Heilerin Claudia Messorina – eine Frau, die es wirklich gegeben hat, sie ist die erste namentlich genannte römische Frau im Landkreis Göppingen. Huch, plötzlich fängt an der nächsten Ecke ein römischer Soldat an über sein hartes Los zu jammern. Waffen putzen, exerzieren, Pferde versorgen und auch noch selbst kochen – mein Gott, er hatte es nicht leicht, der Arme. Wenn er überdies etwas nicht richtig machte, müsste er zur Strafe sogar die Latrinen putzen. Was im Fall der Römer so schlimm nicht gewesen sein kann, denn die saßen auf Steinbänken nebeneinander, und die Bescherung wurde unter ihnen einfach weggeschwemmt. Während sie dasaßen und unter sich ihr Geschäft machten, machten sie mit anderen auf der Latrine ein Geschäft oder tratschten, verbreiteten also Latrinengerüchte. Der jammernde Soldat kommt dann aber doch noch ins Schwärmen und lobt das moderne Badehaus. Denn zur Römerzeit gab es im Gebiet des Ostalbkreises an jedem Kastellstandort ein großes Badegebäude mit perfekter Klimatechnik und fließendem Wasser, das auch der Zivilbevölkerung zugänglich war. Ein Standard, der hierzulande erst wieder im 20. Jahrhundert erreicht wurde. Hier kann man wirklich in eine andere Welt eintauchen, der die moderne Gesellschaft viel zu verdanken hat.

TIPP

Alle zwei Jahre leuchtet Aalen in buntem Blütenzauber. Die Sommeraktion „Aalen City" ist jedes Mal einem anderen Motto gewidmet.

- Limesmuseum Aalen, St.-Johann-Straße 5, 73430 Aalen, Tel. (07 361) 5 28 28 70 www.limesmuseum.de
- ÖPNV: Bus 24, 32–35, 37, 42, 43, Haltestelle St.-Johann-Friedhof (ca. 5 Minuten Fußweg)

Der Himmel auf Erden

24 Der Planetenweg in Gomadingen

Das ist etwas ganz Besonderes! Durch ein „deutsches Naturwunder“ – so lautet der offizielle Titel seit 2019 – zu wandern, vorbei an maßstabsgerechten Modellen des Sonnensystems. Wenn das nicht der Himmel auf Erden ist! Entlang der großen Lauter, selbige fließt durch das Große Lautertal, ist der Gomadinger Planetenweg mit seinen berühmten Wacholderheiden, Burgruinen, Höhlen, Wäldern, albtypischen Felsformationen und malerischen Dörfern für sich schon erlebenswert. Beginnend am Quelltopf der Lauter, im Hof der ehemaligen Klosteranlage Offenhausen, über zahlreiche Talauen bis hin zur Mündung der Lauter in die Donau zwischen Ober- und Untermarchtal führt der wunderschöne Weg. Gesäumt von Bildern und Modellen von allen neun Planeten: Merkur, Venus, Erde, Mars, Jupiter, Saturn, Uranus, Neptun – und auch Pluto. Der ehemalige neunte Planet wurde aber 2006 zum Zwergplaneten degradiert, und damit fiel er aus der Liste heraus! Auf dem Weg wird er trotzdem thematisiert. Unterwegs geht es zum Beispiel um die Venus, nach Sonne und Mond das hellste Gestirn am Himmel und einst in der Antike die Göttin der Liebe. Die strahlend weiße Venus ist üblicherweise das hellste sternartige Objekt am Abend- oder Morgenhimmel und wird deshalb Abend- oder Morgenstern genannt. Auf dem Modell des Planetenwegs auf der Wanderung sind sowohl die Größen von Sonne und Planeten als auch ihre Entfernungen im Maßstab 1:1 Milliarde dargestellt. Konkret, 11 Millimeter im Modell entsprechen in Wirklichkeit einer Strecke von 1.000 Kilometern, somit ist jeder zurückgelegte Meter 1 Million Kilometer im All. Überträgt man dies auf eine normale Geschwindigkeit beim Bewandern des Planetenwegs, würde man sich im Weltraum mit mehrfacher Lichtgeschwindigkeit bewegen. Also mit einem Schritt fünfzehn Mal um die Erde! Doch hier kann man sich Zeit lassen und den 9,5 Kilometer langen Hinweg und den 7,5 Kilometer Rückweg einfach nur genießen.

● Planetenweg Gomadingen, Ausgangspunkt: Fußweg hinter Sportplatz Gomadingen, Ödenwaldstetter Straße, 72532 Gomadingen, Tel. (07 38 5) 96 96 33
www.gomadingen.de
● ÖPNV: Bus 7606, Haltestelle Rathaus

Hier befinden Sie sich auf dem Gomadinger Planetenweg zwischen Saturn und Uranus. Erfahren Sie an elf Wegstationen Interessantes über unser Sonnensystem! Sechs Planeten und Zwergplanet Ceres liegen in Richtung Sternberg (Strecke rund 4,5 km). Neptun und Zwergplanet Pluto liegen auf dem Weg in Richtung Wasserstetten (5 km). Ausgangspunkt ist die gelbe Modellsonne am Fuße des Sternbergs. Sie ist von der Uranus-Station aus gerade noch sichtbar.
Eine Wanderkarte ist im Gomadinger Rathaus erhältlich.
Historische Zeichnung 1881
Uranus 0,2 km
Saturn 1,8 km
PLANETENWEG

Heilende Pflanzen

25 Weleda Erlebniszentrum in Schwäbisch Gmünd

Rudolf Steiner, der Begründer der Anthroposophie, versuchte eine Synthese zwischen Wissenschaft und Spiritualität zu finden. Er wollte mit seinen „spirituellen Wissenschaften" die Klarheit des Denkens, das für die westliche Philosophie charakteristisch ist, auf spirituelle Fragen übertragen. In dieser Tradition steht das Weleda Erlebniszentrum in Schwäbisch Gmünd. Für einige Stunden erlebt man hier nichts als Natur und spürt ihre entspannende Wirkung. Alleine im duftenden Heilpflanzengarten, der „Apotheke Gottes", gedeihen 120 unterschiedliche Heilkräuterchen – der Garten soll der größte biologisch-dynamische Heilpflanzengarten der Erde sein. In der Anlage das rote Gebäude mit seinen Naturhölzern und Glasfronten – Teil eines architektonisch-künstlerischen Gesamtkunstwerks aus Garten, Tinkturenherstellung und Erlebniszentrum. Hier ist alles genau durchdacht: Die vier Kilometer Hecken bieten den Vögeln einen Brutraum, Kuhhörner werden mit dem Mist der Kuh gefüllt und im Boden vergraben: Er soll Energetisches zurückgewonnen werden. Die Pressrückstände der frühmorgendlich geernteten Ringelblumen – DER Heilblume von Weleda – werden kompostiert und zu Dünger. Sie muss in aller Herrgottsfrühe geerntet werden, bevor sich ihre Blüte ganz öffnet, denn dann überzieht die Pflanze ihre Schnittwunde mit einer harzartigen Substanz. Unterwegs auf dem Weleda-Gelände begegnet man manchmal auch einigen wichtigen Mitarbeitern: den Laufenten, den tierischen Spezialisten in der Schneckenbekämpfung. Michael Strau von Weleda gibt zu bedenken: „In jeder Hand voll Erde halten Sie mehrere Milliarden Organismen." Aber Tempora mutantur, wie der alte Lateiner zu sagen pflegt: Die Zeiten ändern sich. Das gute alte Weleda – einst eher eine Reformhauskosmetik – ist im heutigen Umweltbewusstsein schick. Wer mehr über diese natürliche Pflanzenwelt erfahren möchte, sollte an einer der empfehlenswerten Führungen teilnehmen.

TIPP

Natur und Geschichte von Schwäbisch Gmünd bringt der einzigartige „Blühende Stadtrundgang" zusammen.

- Weleda AG Erlebniszentrum, Am Pflanzengarten, 73527 Schwäbisch Gmünd, Tel. (07171) 9198011, www.weleda.de
- ÖPNV: Bus 6, Haltestelle Weleda Gärten/Kolomanstraße

Bunt wie das Leben

26 Kaffeekränzle im „KaffeeKränzle“ in Tübingen

Farbenfroh ist es hier, im KaffeeKränzle. Leuchtende Orangen, bunte Gedecke, eine altrosa Wand, farblich unterschiedliche Kaffeeservice auf rustikalen Holzbalken und grüne Pflanzen. An den Wänden Bilder von Künstlern aus der Nachbarschaft oder Stadt, denn speziell für die Bewohner aus dem Stadtviertel, in dem das Café steht, soll es ein Anlaufpunkt sein. Über allem schweben weiße Lampen, sie sollen Wolken darstellen. Inspiration für dieses liebenswert altmodische Café war den beiden Gründerinnen die Berliner Gastroszene, weil sie fanden, dass Berlin eine Stadt ist, die lebt. In jedem der vielen Cafés dort haben sie etwas anderes Schönes gesehen und dann alles im KaffeeKränzle kombiniert. Für das Tante-Emma-Laden-Gefühl sorgt eine alte Bizerba-Waage, früher in jedem Kaufmannsladen für Kinder zu finden, die schon seit jeher zum Inventar der Ladenräume gehörte. Hier dient sie als Obstwaage. Denn im KaffeeKränzle gibt es nicht nur Kaffee und Kuchen, sondern auch Lebensmittel zu kaufen. Ganz analog auch das Bestellsystem: mit Papier, Stift und Köpfchen. Und wenn Kinder zum Einkaufen kommen, dann gibt's – ganz wie früher – eine Süßigkeit auf die Hand. Das Wichtigste aber ist freilich der Kaffee. Eine Rösterei aus Jena beliefert das KaffeeKränzle mit einer Hausmischung. Die Kaffeemaschine war die größte Investition in den Laden. „Wir haben festgestellt, dass es in vielen Cafés einfach keinen guten Kaffee mehr gibt. Das müssen wir aber bieten“, sagt die freundliche Besitzerin. Denn sie wünscht ja, dass die Leute ins KaffeeKränzle zum Kaffeekränzchen kommen – Kaffeeklatsch im KaffeeKränzle eben. Bis heute sind die Räume des Cafés im Viertel als „Lädle“ wohlbekannt, denn ursprünglich beherbergten sie zum Beispiel einen Milchladen und andere Geschäfte. Wer hier seinen Geburtstag feiert, der kann sich ein Geschirr nach seinem Geschmack aussuchen. Mit Kaffeekanne, Milchkännchen und Zuckerdose – wie damals anno dazumal.

● KaffeeKränzle, Neckarhalde 70, 72070 Tübingen, Tel. (07 071) 8 59 53 64
www.kaffeekraenzle.com
● ÖPNV: Bus 6, Haltestelle Biesinger Straße

Teinacher
Teinacher
Designer
Flaschen-
öffner
Der Erbschleicher
DIE ZEIT
DIE ZEIT

Ulmer Bohème

27 Die töchterulms

Überbordende barocke Fülle ist ja nun nicht die Sache der Ulmer. Eher das Reduzierte, Protestantische, Minimalistische. Es gibt aber eine kleine Insel der Fülle: die töchterulms, Beate Berroths Laden. Farbenfroh und lebensprall wie Beate selbst. Lackschwarze Haare, leicht violett dunkelroter Lippenstift, ein bisschen Prinz Eisenherz, ein bisschen Nana Mouskouri und ein bisschen die farben- und ausdrucksstarke Frida Kahlo. Ihr Porträt findet man auch auf vielen Kissen im Laden. Ob ein Vorleger mit Katzen oder diversen Pudeln, floraler Strick, ausgefallener Modeschmuck, Hüte, Schuhe – wer bei Beate nicht fündig wird, wird es nirgendwo. Und sie ist nicht an Labels gebunden. Die Inhaberin hat keinen festen Zulieferer, sondern lässt sich auf internationalen Bekleidungsmessen inspirieren. So begeistert sie mit Kleidung aus Schweden, Deutschland oder Serbien. Wichtig ist für sie nicht nur, dass ihr die Mode selbst gefällt, sondern dass die Näherinnen der Kleidung auch fair bezahlt werden: „Ich kaufe mit dem Bauch ein und rechne mit dem Kopf." Beate kennt halb Ulm, ist immer für ein Gespräch zu haben, nicht nur mit den Kunden, sondern auch mit den Passanten vor ihrem Laden. Außerdem ist sie eine versierte Kennerin der Kunstszene der Stadt. Ob Ausstellung oder Vernissage, Beate geht hin. Natürlich hängt auch Kunst in ihrem Geschäft, das Bild mit der Aufschrift „Glück" stammt vom Ulmer Künstler Christoph Nasfeter. Der immer im Café Wichtig (oder auch Café Giftig wegen der Tratscherei dort, offiziell Café im Kornhauskeller) nebenan zu treffen war, als er noch in der Stadt lebte, so wie man heute noch die Kunst- und Intellektuellenszene dort antrifft. Also, nach dem Shoppen unbedingt ins Café Wichtig. Woher kommt der Name des Ladens, töchterulms? Ganz einfach: Beate Berroth stammt aus Heidelberg und hat dort damals von den „Söhnen Mannheims" gehört. Und was steht auf Beates Visitenkarte? „Der Pullover einer Frau sitzt richtig, wenn die Männer nicht mehr atmen können" (Zsa Zsa Gabor). Humor hat sie also auch noch, die Beate.

● töchterulms, Breite Gasse 1, Ecke Hafengasse, 89073 Ulm, Tel. (07 31) 39 88 93 13
www.tochterulms-womens-clothing-store.business.site
● ÖPNV: Bus 585, Haltestelle Rathaus (ca. 5 Minuten Fußweg)

Heizkörper zu Schafen!

28

Der Skulpturen-Panoramaweg in Meßstetten

Stolze 978 Meter erhebt sich der Sickersberg über Meßstetten. Eine solche Höhe verspricht Ausblicke auf die Alb und bei gutem Wetter sogar bis hin zu den Alpen. Schon mal gut, aber es gibt noch eine Steigerung: Der 3,4 Kilometer lange Weg zum Gipfel wird von zwölf originellen Skulpturen gesäumt – fast alle geschaffen von örtlichen Handwerkern und Künstlern. Aus verschiedenen Materialien, in verschiedenen Formen und mit jeweils anderer Fertigungstechniken. Die ersten elf Skulpturen stehen entlang des Rundwegs, die zwölfte steht abseits des Weges, bei der Alpen-Panoramatafel auf der Hochfläche, auf der Schafe aus Heizkörper weiden, gehütet von einem Schäfer aus Stahlblech. Dieses lustige Ensemble wurde von dem Installateur und Heizungsbaumeister Christoph Sauter gestaltet, der damit die liebenswerteste und originellste Skulptur entlang des Weges geschaffen hat. Die anderen elf Kunstwerke entlang des Naturweges sind unter anderem: „Schwangerenplausch", „Sonnenuhr", „Tango", „Holz in Form", „Uhu hält Ausschau nach Beute". „Verzahnt und Verschlungen" heißt die Skulptur der Firma Holzbau Schlude: Das geometrische Kunstwerk soll zu einem Spaziergang der Augen animieren und führt am Ende zur Verblüffung. Denn was am Anfang wie mehrere Formen erscheint, entpuppt sich dann als ein großes, ineinander verschlungenes Kunstwerk, das nicht nur durch die Verzahnung, sondern auch durch Aus- und Durchblicke und das Schattenspiel der Sonne fasziniert. Beim eher schlicht gestalteten Werk „Waldblick" lässt es sich auf der hölzernen Bank entspannen, flankiert von einem „Wald" aus fünf stilisierten Tannen aus Fichtenholz, symbolisch für die Funktion des Waldes als Lebensraum für Menschen, Tiere und Pflanzen, als Klimaschutz, Wasserschutz, Bodenschutz und Rohstofflieferant. Wie spannend ist es doch, diesen Weg entlangzugehen, von Überraschung zu Überraschung. Immer mal innehalten, betrachten, sich niederlassen und den Dreiklang von Aussicht, Natur und Kunst genießen. Die Seele weitet sich.

TIPP

Der Stausee Oberdigisheim, einem Stadtteil der Stadt Meßstetten, liegt in einem von bewaldeten Bergen umgebenen Tal zwischen Oberdigisheim und Obernheim. Der saubere See ist ein Traum für Schwimmer.

● Skulpturen-Panoramaweg, Zum Riedhof, 72469 Meßstetten
www.stadt-messstetten.de
● ÖPNV: Bus 61, Haltestelle Sickersberg

Mach es wie die Sonnenuhr

29 Das Waldschlösschen bei Bad Urach

Der Erbauer dieses merkwürdigen Schlösschens, Dr. med. Karl Schmid, ließ sich seinen Wahlspruch in einer Felseinbuchtung über dem Portikus seines Hauses anbringen: „Odi profanum vulgus et arceo" (Ich hasse das gemeine Volk und halte es von mir fern). Diese lateinische Spruchweisheit von Horaz hat er im wahrsten Sinne des Wortes in seinem Schlösschen verwirklicht. Denn „gemein", also allgemein üblich, ist das Anwesen nun wirklich nicht. Schon die bis heute abgeschiedene Lage in einer von der Straße zurückgesetzten Felsenbucht ist etwas Besonderes. Der Mediziner aus Stuttgart hatte sich hier 1885 einen Traum verwirklicht, ein Wohnhaus, das auch gleichzeitig ein Privatsanatorium war. Zwei Welten wurden auch im Baustil vereint: historisierende Elemente mit südlichem Stil. Das Gebäude selbst aus Seeburger Tuffstein ist quadratisch. Die oberen Etagen bestehen ebenfalls aus Quadraten, vier an der Zahl sind es. Kuriosum am Rande: Hier im Waldschlösschen pflegte eine reiche Lady einst ihre Liebhaber zu empfangen. Doch die „Villa Nachtigall", wie das Anwesen der amourösen Umtriebe hieß, diente nur als Umschlagmotiv für die deutschsprachige Ausgabe von Agatha Christies Buch „Villa Nachtigall". Heute ist hier ein heimeliges, kuscheliges Wohlfühlcafé untergebracht. Liebevoll dekorierte Räume, allerbester Apfelstrudel, leckere Torten. Selbst die Putten, die kindlichen Skulpturen auf dem Wandfries in einem eher rustikalen, holzgetäfelten Raum kugeln sich vor Vergnügen. Zur gemütlichen Atmosphäre tragen die vielen Ausstellungsstücke in den Vitrinen und auf den Gesimsen mit den Engelchen bei. Auf den Tischen Geschirr mit Blümchendeko, an der Decke ein Kronleuchter, am Fenster eine Grünlilie und Spitzengardinen. Das alles nicht Vintage, sondern historisch gewachsen. Ein Traum für einen gemütlichen Kaffeeplausch am Nachmittag. Dazu passt auf der angebauten Terrasse im Anbau der deutsche Sinnspruch: „Mach es wie die Sonnenuhr und zähl die heiteren Stunden nur". Im Haus gibt es übrigens auch eine Ferienwohnung mit Terrasse und Blick auf den Schlossgarten und seine stilvollen weißen Statuen.

● Speisecafé Schlössle, Wiesentalstraße 26, 72574 Bad Urach, Tel. (07 38 1) 31 20
www.speisecafe-schlössle.de

Das Glück dieser Erde

30 Das Haupt- und Landgestüt Marbach bei Gomadingen

„Where are the horses?“ (Wo sind denn die Pferde?) Das hatte Queen Elizabeth II. einst gefragt, als sie in Marbach endlose Vorträge über Friedrich Schiller über sich ergehen lassen musste, aber noch kein einziges Pferd gesehen hatte. Denn das königliche Protokoll hatte das Schiller-Marbach mit dem Pferde-Marbach verwechselt. Letzteres war aber zu der Zeit der Sehnsuchtsort der jungen Queen. Edle Rösser sind neben ihren Corgis ihre engsten Wegbegleiter durchs royale Dasein. Für die Queen liegt das Glück dieser Erde sprichwörtlich auf dem Rücken der Pferde. Selbst heute mit über 90 Jahren schwingt sie sich noch in den Sattel. Denn bei denen weiß sie jedenfalls sicher, dass ihnen ihr königliches Geblüt gleichgültig ist, sind sie doch selbst meist edlen Blutes. Reiten scheint also gut für die Gesundheit zu sein. Schon hundert Jahre früher ließ sich ein anderer Adliger, König Wilhelm I., zu seinen Pferden kutschieren, denn wenn er schon von einem so wunderbaren Land scheiden müsse, dann wolle er zuvor noch sein Gestüt sehen. Immerhin galt er als Gründer von Marbach als einer der fähigsten Pferdezüchter Europas. Durch die Technisierung der Landwirtschaft wurden die altwürttembergischen Warmblutpferde als Arbeitstiere ausgemustert. Reiten wurde damals zum Volkssport, doch in nur zwei Jahrzehnten gelang es dem Haupt- und Landgestüt Marbach, das Württemberger Warmblut mithilfe von Trakehner-Pferden zum Reitpferd umzuzüchten. Marbachs Stolz sind heute seine Hengste, die es in die Gestüte ringsum zur Zucht schickt. Hier auf dem wunderbar weitläufigen Gelände kann man an einer der vielen Führungen teilnehmen und dabei die interessanten Informationstafeln studieren. Wer mag, ist eingeladen, sich umzusehen und alles zu bestaunen. Man darf in die Boxen der erhabenen Tiere schauen und die stolzen Warmblütler bewundern. Besonders ausgefallen: eine Planwagenfahrt oder individuelle Kutschfahrten, bei denen man die herrliche Landschaft rund um die Gestütshöfe erleben kann.

TIPP

Zu Marbach gehört der Gestütshofs Offenhausen mit dem Skelett des berühmten Vollblutarabers Bairactar.

- Haupt- und Landgestüt Marbach, Gestütshof 1, 72532 Gomadingen, Tel. (07 38 5) 9 69 50, www.gestuet-marbach.de
- ÖPNV: Bus 7606, Haltestelle Marbach Bahnhof

Gelato kunterbunt

31 Das by Rino Eiscafé in Aalen

Eis hat irgendwie immer mit Freiheit zu tun. Es ist das Lebensmittel, das man auch gut im Gehen essen kann, und gab es je eine Revolution, die im Sitzen begonnen hat? Eis ist die Freiheit, das zu wählen, was man möchte. Eis isst man, wenn man hitzefrei bekommt. Die bekannteste aller Eiskreationen ist die, die nach Fürst von Pückler-Muskau benannt ist, und der war ein freier Lebemann, Reisender und Abenteurer, der sich an keinerlei Konventionen hielt. Und Eis ist das Lebensmittel, das einen an das Hier und Jetzt erinnert: Einmal aus der Kühlung genommen duldet es keinen Aufschub. JETZT will es geschleckt werden. Nun zur Eisperle Oberschwabens: Steht da ein Teller mit grünen Spaghetti vor einem, möchte man zur Gabel greifen, reinstechen in die leckeren Spaghetti mit Pesto, einmal die Gabel drehen, sie dann gegen den Löffel drucken und genießen. Geht aber nicht, weil die Spaghetti viel zu weich sind. Es sind nämlich keine Spaghetti, sondern es ist ein grünes Spaghettieis mit knackigen Pistazien als „Parmesan". Erfunden vom Mannheimer Dario Fontanella, der das Eis durch eine Spätzlepresse drückte. Auch Rino in Aalen hat ein Eis, um das sich folgende Geschichte rankt: Ums Jahr 2015 ist er zufällig im Veneto auf eine fast vergessene Rebsorte namens Isabella gestoßen. Er baute sie auf einer 5.000 Quadratmeter großen Fläche, die schon seine Urgroßeltern bewirtschaftet hatten, an und pflanzte 12.000 Weinreben. Drei Jahre später nach der Ernte kelterte er keinen Wein daraus – sondern kreierte eine neue Eissorte. Das cremige intensiv lilafarbene Lilly Eis. Mhm, wie wunderbar das auf der Zunge zergeht. Lila gilt außerdem als Ausdruck von Frauenliebe und Unabhängigkeit. Später beeinflussten berühmte Frauen mit Kleidungsstücken dieser Farbe die Modewelt. Im 19. Jahrhundert wurde die Farbe für die Frauenbewegung neu entdeckt. Wie schön, diese Freiheit nun hier im Eis zu finden! Übrigens: Eis macht glücklich – hat die Wissenschaft herausgefunden.

TIPP

Sportschwimmer und Planscher kommen gleichermaßen im Freibad Aalen auf ihre Kosten.

- by Rino Eiscafé, Mittelbachstraße 21, Aalen, Tel. (07 35 2) 18 92 www.byrino.de/aalen
- ÖPNV: Bus 24, 32–35, 37, 42, Haltestelle Café Roschmann

B. BRAUNGER
optello
Memmingen
www.seh-rettung.de
bendel
Der Gipfel des Sehens in Süddeutschland!
www.optik-muncke.de
BACIO
MILCHEIS
Himbeere mit Nougat
FRUCHTEIS
BIENENSTICH

Affige Werbung

32 Testgeschäft Trigema in Burladingen

Wer kennt sie nicht, die Firma, die von Zeit zu Zeit im Fernsehen mit dem sprechenden Schimpansen wirbt? Was dieser in Wirklichkeit nicht tat, sondern Nüsse kaute, weil diese Werbung preisgünstig ist und der Inhaber von Trigema ein Schwabe ist. In diesem Sinn, auf zum Testgeschäft von Trigema! Das Traditionshaus gibt es seit 1919, das heutige Sortiment geht auf die Zeit der Flower Power zurück, als Jeans und T-Shirts zu den It-Kleidungsstücken gehörten, die sie heute noch sind. Trigema geht nicht mit einer kurzfristigen Mode, die Ware soll lange halten und schont somit die Umwelt. Die komplette Produktion soll in Deutschland stattfinden, keine Kurzarbeit und betriebsbedingte Entlassungen. Kinder von Mitarbeitern bekommen einen Arbeitsplatz nach ihrem Schulabschluss. Jetzt aber zum Testgeschäft in Burladingen: Was hier verkauft wird, macht einfach Freude. Im Testgeschäft will man nicht auf Schnäppchenjäger setzen, sondern auf Qualitätsbewusste, die eben ihre Ware testen. Viele bunte und verschiedene Stoffe laden zum Bummeln und Anfassen ein – wie wunderbar sie auf der Haut liegen. Für jeden ist hier etwas dabei. Denn es gibt auch weitere Produkte aus der Region zu entdecken: Die „Zeller Keramik", ein Geschirr mit dem Klassiker „Hahn und Henne", das rustikal aussieht, aber kantensicher ist und früher bei den Rosenheim Cops mal gerne auf dem Frühstückstisch stand. Weiterhin gibt es für die Damen Dessous von der Firma NATURANA, 1917 in Gomaringen als Korsettfabrik gegründet, und Selbiges ist nicht zuletzt dank dieser Firma und ihren hochwertigen und bequemen Produkten immer mehr im Schrank verschwunden. Und für die Schleckermäulchen: Schokolade von der Firma Heilemann. Da Kakao als Kräftigungsmittel galt, wurde er früher sogar in Apotheken verkauft. Merke: „Schokolade ist Liebe, die man sich selbst schenkt". Weiterhin gibt es Bettwäsche aus Mako-Satin, feinem Damast und edlen Druckstoffen. Wer hier eigentlich nur mal vorbeischauen wollte, wird sich etwas Schönes gönnen wollen, bevor er den Laden wieder verlässt.

- Testgeschäft Trigema, Josef-Mayer-Straße 94, 72393 Burladingen, Tel. (07 47 5) 88 22 9, www.trigema.de
- ÖPNV: Bus 2, Haltestelle Josef-Mayer-Straße, (ca. 5 Minuten Fußweg)

trigema
trigema
1919 trigema
Nautical club
Collection

Wunderbare Bücherwelt

33

Das Hesse-Kabinett in Tübingen

Eintreten und das Handy stecken lassen. Das Hesse-Kabinett in Tübingen – ein Gedenkraum an den Dichter – ist eine analoge Welt. Ein Kabinett, also ein geschlossener Beratungs- und Arbeitsraum, mit Büchern zum Riechen, Anfassen, Aufklappen und zum Umblättern, 150 Jahre alt, mit einer ebenso betagten Wendeltreppe sowie einem Ordnungssystem, das aus Karteikarten und Zetteln bestand, noch erhalten aus der Zeit von Hermann Hesse. In dieser altehrwürdigen Bücherwelt absolvierte der Schriftsteller zwischen Oktober 1895 und Juni 1899 eine dreijährige Buchhändlerlehre, gefolgt von einem Jahr als Gehilfe. Seine Arbeitsstelle war dieser Raum in der Heckenhauerischen Buchhandlung, die noch heute besteht. Die Tätigkeit als Buchhändler gab ihm eine gewisse Befriedigung, auch wenn sie ihn anstrengte, aber die Bildung seiner Vorgesetzten hatte ihn beeindruckt. Endlich der Enge des calvinistischen Calw entronnen, begann der Achtzehnjährige mit viel Selbstdisziplin ein literarisches Selbststudium. Und begann Klassiker wie Goethe zu lesen, der für ihn zur literarischen Offenbarung wurde. Später widmete er sich den Romantikern wie zum Beispiel Joseph von Eichendorff. Am Ende seiner Lehrzeit in Tübingen veröffentlichte Hermann Hesse seine ersten Gedichte, die Romantischen Lieder – es sollte der Beginn seines späteren Weltruhms als Schriftsteller werden. Und wer weiß, ob die Wendeltreppe, die im Hesse-Kabinett schon zu des Dichters Zeiten dastand, ihn zu seinem Werk „Stufen" inspirierte, aus dem der viel zitierte wunderbare Satz mit dem Anfang stammt, dem bekanntlich ein Zauber innewohnt? Das gilt auch immer für die erste Seite eines Buches, den Zauber einer neuen Lesewelt. Und hier bietet es sich an: Nach dem Besuch des Hesse-Kabinetts wartet nebenan das dazugehörige Antiquariat. Ein richtig runder Abschluss eines Hesse-Tages sollte außerdem in der historischen Weinstube Forelle in der Kronenstraße 8 ausklingen, wo Hesse neben Hegel und Hölderlin gerne zu Gast war.

TIPP

In der Herrenberger Straße 28 wohnte Hesse zur Untermiete.

● Hesse-Kabinett Tübingen, Holzmarkt 5, 72070 Tübingen, Tel. (07 07 1) 2 04 17 11
www.tuebingen.de/hesse

● ÖPNV: Bus 7, 23, Haltestelle Eichhaldenstraße (ca. 5 Minuten Fußweg)

Alles am Fluss

34 Die Stiege in Ulm

Geht man hier tagsüber vorbei, ahnt man nicht, dass hier abends der Ulmer Bär steppt. Also richtig gute Stimmung herrscht! Denn bis 2002 war dieser Ort wie eh und je über eine Stiege, also eine Treppe, erreichbar, eine öffentliche Toilette, die man gerne mied. Wie so viele öffentliche Toiletten, die heute nicht mehr der Abgabe von Flüssigkeit, sondern der Aufnahme derselben gewidmet sind, wurde die Toilette 2003 geschlossen und zehn Jahre später als kleine Bar wiedereröffnet. Aber als eine ganz besondere: als ein Ort, der der Kunst gewidmet ist. Begonnen hat es 2013, als zwei Ulmer Künstler im Rahmen des Projekts „Kunst für alle" in dem inzwischen als „Müllloch" genutzten Stiegenabgang einen illuminierten und bepflanzten Springbrunnen mit einer 4,5 Meter hohen Wasserfontäne installierten. Und siehe da – statt Müll wurden nun Münzen hinuntergeworfen, die im Brunnen landeten. Die nächste Kunstaktion war eine Straßenlampe aus Athen, die hierher verpflanzt wurde und in griechischer Zeit getaktet war. Die Installation entwickelte sich zum Ulmer Treffpunkt und kam so gut an, dass die Gründung der Stiege beschlossene Sache wurde. Seitdem wird die Stiege jedes Frühjahr aufs Neue aus dem Winterschlaf geholt und muss dafür ordentlich renoviert und aufgehübscht werden. Frisch gestrichen, Boiler wieder angebaut, Wasser angeschlossen. Und dann kann die Bar wieder aufs Neue eröffnet werden. Und mal wieder wird es eine andere, wiederum überraschende Kunst geben, und wieder wird es spannend: Was erstaunt in diesem Jahr? Schon längst ist die Stiege der „Place to be" im sommerlichen Ulm. Unten an der Bar im ehemaligen Klohäuschen, oben an der Straße entlang mit Blick aufs Ex-Klohäuschen unten und natürlich unten am Donauufer. Mit Blick auf Bayern auf der anderen Seite des Flusses, denn dort liegt Neu-Ulm.

TIPP

Auf der Herdbrücke ist die Grenze zwischen Neu-Ulm und Ulm, also Bayern und Baden-Württemberg, markiert.

● Adlerbastei 2/1, 89073 Ulm
www.stiege-ulm.de
● ÖPNV: Bus 4, 5, Haltestelle Herdbrücke

à demain

Liebenswert und stur

35 Der Stall Willi Wolf in Hohenstein

Die Albbüffel sind wieder nach Hause auf die Alb zurückgekehrt, wo sie vor 120.000 Jahren heimisch waren und dann verschwunden sind. Ihre Spur führt nach Steinheim an der Murr. Dort wurden 300.000 Jahre alte Überreste von Wasserbüffeln gefunden. Dann kam Willi Wolf in Hohenstein ins Spiel: Als er die Geschichte der eindrucksvollen Büffel hörte, nahm er die Fährte wieder auf. Er entdeckte Tiere, die noch ihrem Instinkt gehorchten: robust, kerngesund und bestens geeignet für die Schwäbische Alb. Er beschloss, eine Albbüffelzucht aufzubauen. Die ersten Albbüffel erblickten 2005 das Licht der Welt: Tiere, die nicht um jeden Preis auf Fleischertrag und Milchleistung getrimmt sind, einen ausgeprägten Charakter und ein freundliches Wesen haben, störrisch, urtümlich und doch liebenswert sind, wie eben ein echter Schwabenmensch. Anders als die Aelbeler nehmen die Büffel aber auch gerne mal ein ausgedehntes Schlammbad. Die Albbüffel erinnern im Geschmack an Rind, Kalb und Wildfleisch gleichermaßen und sind soooo gesund mit ihren vielen Vitaminen, sie haben wenig Cholesterin und einen hohen Anteil an Omega-3-Fettsäuren. Sieht man Willi Wolf über seine Weide reiten, dann glaubt man: „Ich steh in Amerika". Denn er sieht wie ein echter Cowboy aus, mit seinem Stetson, den Stiefeln und dem karierten Holzfällerhemd. Er sieht sein Leben als einen „wahr gewordenen Traum". Und wer die vor Kraft strotzenden Büffel bei einer Führung durch Weiden und Stall an einem zweiten Samstag im Monat beobachten kann, der glaubt das sofort. Stark und tiefdunkelbraun sind sie, wehrhaft mit ihren gekrümmten Hörnern und haben doch wieder so samtbraune Augen. Dieser Blick! Zum Verlieben! Wer sie gesehen hat, für den wird der Ausdruck „so ein Büffel" nur noch als großes Kompliment gemeint sein. Willi Wolf sucht für seinen Hof noch einen Nachfolger, der sich wie er mit Leidenschaft um diese wunderbaren Tiere kümmert. Büffelbauer sucht Nachfolger!

TIPP

Fleisch und Käse vom Albbüffel werden im Landgasthof Hirsch und in der Metzgerei verkauft und serviert.

- Stall Willi Wolf, Steinhilber Straße 28, 72531 Hohenstein-Meidelstetten, Tel. (01 72) 1 48 43 68, www.willi-wolf.de
- ÖPNV: Bus 261, Haltestelle Meidelstetten

Und es war Sommer

36

Café Konditorei Sommer in Reutlingen

Mitten in Reutlingen in der Fußgängerzone: Sommersonnengelb strahlt das Haus, sommersonnengelb leuchten die Sonnenschirme. Drinnen eine Theke voller Kuchen-Köstlichkeiten, im hinteren Teil eine Schau- und Lernküche mit einem kleinen Museum zu den Themen Patisserie, Konditorei, Backen und Kochen im Allgemeinen. Diverse Steinkrüge, darunter ein Krug in Form eines Schafes – Schafe gehören ja zur Alb wie der Garten zum Schloss. Alles herrlich dekoriert, dahinter ein riesiger wirkungsvoller Spiegel. Denn es sind ja immer die Details, die wichtig sind. Und im Café Sommer sind die Herzen aus Schiefer, die wie zufällig auf manchen Tischen liegen und auf denen mit Kreide geschrieben ist: „Reserviert". Auf einem der Krüge im hauseigenen Museum ist zu lesen: „Wenn der Geist was leisten soll, braucht der Körper Alkohol." Die Tradition des Hauses geht auf das Jahr 1920 zurück. Heute wird das gemütlich eingerichtete und beliebte Café von Anja Sommer in vierter Generation geführt. Naheliegend, dass hier auch DIE Reutlinger Spezialität geradezu zelebriert wird: die Mutschel, ein traditionelles sternförmiges Gebäck aus einem mürben Hefeteig. Der Legende nach soll es bei einem Preisschießen entstanden sein, das aus jungen Reutlinger Bürgern „zünftige" Bürger machen sollte. Die besten Schützen bekamen die sternförmigen Mutscheln. Heute wird zwar nicht mehr geschossen, aber gewürfelt: Mit dem geselligen Würfeln um „Mutscheln", wie es heute bekannt ist, hatte sich die Tradition somit gewandelt und erhalten. Eine weitere Spezialität des Café Sommer und zugleich eine nur in Reutlingen bekannte Besonderheit ist die Fleischpastete oder der Schiedwecken: Um Licht und Brennholz zu sparen, trafen sich die unverheirateten Leute der Nachbarschaft während langer Winterabende in einer Wohnstube, der „Karz" oder auch „Lichtstube". Das Café Sommer ist immer ein herrlicher Treff: im Sommer draußen in der herrlichen Sonne und im Winter drinnen, wenn es gemütlich sein soll.

TIPP

Die Mitte der Mutschel symbolisiert die Achalm, den aussichtsreichen Hausberg Reutlingens.

- Café Konditorei Sommer, Wilhelmstraße 100, 72764 Reutlingen, Tel. (07121) 30 03 80, www.konditorei-sommer.de
- ÖPNV: Bus 110, Haltestelle Unter den Linden (ca. 10 Minuten Fußweg)

Rosen auf Ruinen

37

Der Rosenpark in Mössingen

Ehrenamt gesucht? Einmal im Jahr, in einem paradiesischen Garten an der frischen Luft? Das Ehepaar Sibylle und Hartmut Gaebele hat ein solches zu vergeben. Als Dr. Gaebele in Pension ging, widmete er sich zusammen mit seiner Frau diesem Garten. Glücklich ist, wer im Ruhestand ein neues Lebenswerk findet! Zwischen 15.000 und 20.000 Arbeitsstunden haben die Gaebeles bereits in den Rosenpark investiert. Damals vor mehr als 25 Jahren musste erst der Boden bearbeitet werden, damit hier auf dem Gelände der ehemaligen Mülldeponie etwas wachsen konnte. Der Doktor musste jahrelang mit dem Mulchmäher Spazierfahrten über das Grundstück unternehmen, um den Boden immer wieder umzugraben, damit eine Humusschicht für die Rosen entsteht. „Es ist erstaunlich, was die Natur allein hervorbringt aus dem absoluten Nichts." Damals habe es geheißen: „Ihr übertüncht den Müll mit Rosenduft." Und heute erzählt Dr. Gaebele: „Da hatte meine Frau die Idee, zur Erinnerung den Müll einfach wieder obendrauf zu stellen." Aus einem alten Lesesessel von Dr. Gaebeles Schwiegervater wächst die Goethe-Pflanze, denn der Schwiegervater las gerne den Dichterfürsten. Der fand einst einen solchen Gefallen an der Pflanze, dass er damit begann, sich der Aufzucht und der genauen Beobachtung der Blume zu widmen, die seither seinen Namen trägt. Bekannt ist sie auch als „Lebende Apotheke" oder als sogenannte Erste-Hilfe-Pflanze. An anderer Stelle auf dem Grundstück kann man sich auf ein Doppelbett legen, hier ist man auf stacheligen Rosen gebettet. Für den guten Schlaf sorgen die Nachtkerze und das Schlafmützchen; an das rechtzeitige Aufstehen erinnert dann die Taglilie. Aus der Kloschüssel wuchert abführendes Rizinuskraut, in der Badewanne reinigendes Seifenkraut. Da auf dem Grundstück das Blockheizkraftwerk für das Freibad betrieben wird, ist es aus Sicherheitsgründen nur nach Vereinbarung öffentlich zugänglich. Doch wer einmal hier war, wird den wunderbar duftenden Garten und die pralle Blütenpracht nie vergessen.

TIPP

Zum Niederknien gut ist die Maultaschendreifaltigkeit im Fischers Brauhaus. Die Sauce drauf ebenso!

● Rosenpark, Nehrener Gässle, 72116 Mössingen, Tel. (07 93 3) 70 04 12
www.rosenfreunde-tuebingen.de

● ÖPNV: Bus 152, Haltestelle Ziegelhütte (ca. 10 Minuten Fußweg)

Noch mal gut gegangen!

38 Das RiesKraterMuseum in Nördlingen

Lange irrte sich die Wissenschaft: Es war keinesfalls ein Vulkan, der diese eigenartige runde „Tiefebene" geformt hat, in der Nördlingen liegt. Entstanden ist dieser Krater vor etwa 15 Millionen Jahren als ein im Durchmesser ca. 1 Kilometer großer Asteroid auf die Erde krachte bzw. mit dieser kollidierte. Ergebnis dieser kosmischen Begegnung ist das Nördlinger Ries, ein etwa 25 Kilometer großer, nahezu kreisrunder Einschlagskrater. Ein der am besten erhaltenen Krater dieser Größenordnung weltweit! Und einer, der einen erkennen lässt: Man kann planen und planen, und dann kommt so ein Meteorit daher … Eine weitere Variante aus der Sparte: Es kommt eh alles anders, als du denkst: Am 6. April 2002 raste ein 500 Kilogramm schwerer Meteorit mit 75.000 Stundenkilometern schnurgerade auf Neuschwanstein zu und hätte das Schloss beinahe zerstört, wäre der Meteorit nicht in allerletzter Sekunde von einem Wind abgetrieben worden und zerborsten. Ein Teil dieses Gänsehautsteines ist im RiesKrater-Museum in Nördlingen ausgestellt. Und hier gibt es noch ein weiteres kleines Stück Gestein mit einer weiten Anreise. Es stammt direkt vom Mond! Ins Museum gekommen ist es als Dankeschön-Leihgabe von der NASA, denn im Rieskrater hier am Museum konnten die Apollo-Astronauten ihre Mondmission trainieren. Man meint, selbst Teil der Mission zu sein, so wie einen ein Mondastronaut auf einer Schautafel anschaut. Überhaupt ist die Ausstellung mit ihren vielen medialen Angeboten sehr gut gemacht, überall hängen große Tafeln, die das Weltall zeigen, und man selbst steht mittendrin. Untergebracht ist das Museum in einem sehr aufwendig sanierten mittelalterlichen Scheunengebäude aus dem Jahr 1503. Auch wenn das Gebäude von außen gar nicht so groß wirkt, zwei Stunden sollte man schon mitbringen, denn es geht hier nicht nur um die Planeten, sondern auch um Erdgeschichte und -entwicklung sowie Astronomie. Und zwei sehr interessante und gut gemachte Filme zu verschiedenen Themen gibt es auch noch zu sehen!

TIPP

Das Geopark-Infozentrum informiert über Geologie, Archäologie und Besiedlungsgeschichte des Rieses.

- RiesKraterMuseum Nördlingen, Eugene-Shoemaker-Platz 1, 86720 Nördlingen, Tel. (09 08 1) 8 47 10, www.rieskrater-museum.de
- ÖPNV: ab Hauptbahnhof Nördlingen ca. 15 Minuten Fußweg

Zeig her dein Füßchen!

39 Emma's Springerle in Münsingen-Hahnensteig

Springerle? Ach, dieses harte Gebäck, das man bestenfalls an den Christbaum hängen konnte. Das irgendwie immer altmodische Motive hatte. Wie so vieles erlebt es aber heute ein Revival! Zum Beispiel in der Bäckerei von Michaela Schwarz, die im September 2019 ihren eigenen liebevoll eingerichteten Springerle-Laden eröffnete und sich damit ihren Lebenstraum erfüllt hat. Man kann die kleinen Kunstwerke fertig gebacken kaufen oder sich für die sogenannten Models entscheiden, die Formen, um sich selbst als stolze Springerle-Bäckerin oder als stolzer Bäcker zu versuchen. Models gibt es für jeden Anlass, für jeden Geschmack: sortiert nach Themen wie Märchen, Ornamente, Kindheit, Liebe, Hochzeit, Schulanfang, Ostern, Radspeiche, Sonnenwirbel, Ginkgoblatt, Lotusblume und, und, und … Kaum ein Motiv seines Begehrens, das man hier nicht findet. Und es werden jedes Jahr mehr. Wer sich selbst ans Backen wagen möchte, der bekommt hier das Rezept nebst Tipps von Michaela oder ihrem Partner persönlich erklärt. Auch kann man ihr bei der Herstellung der Kunstwerke zusehen. Der fertige Teig muss vor dem Formen, dem „Ausmodeln", eine Nacht ruhen. Nach dem Formen müssen die Kekse noch einen weiteren Tag lang trocknen. Handgemachte Springerle aus Eiermarzipan brauchen besonders eines für die Herstellung: Viel Zeit und Geduld! Ein schönes Springerle zeigt ein klares weißes Relief und ein goldgelbes „Füßchen", also das runde Teigteil unter dem oberen „Schaustück". Als besonderes Schmankerl bietet die Manufaktur an, eigene Firmenlogos, Namen oder sogar Wappen als Springerle zu produzieren. Oder als Papierrelief oder als Seife. Das Gebäck ist nicht nur eine Freude für die Augen, sondern auch ein Segen für die Natur, denn nach der Weihnachtszeit werden sie nicht weggepackt, sondern weggeputzt: Beim Christbaum-Putzen werden sie einfach aufgegessen. Die große Zeit der Springerle war das Biedermeier (1815–1848), damals waren sie in jedem Haushalt als Christbaumschmuck zu finden. Arme Leute buken sie aus Wasser und Mehl, und die Kinder durften sie direkt vom Baum essen.

TIPP

Wie es einst auf der Alb aussah, sieht man im Museum Altes Lager im Albgut.

- Emma's Springerle, Königspark BT 15, Hauptstraße-Hahnensteig, 72525 Münsingen-Hahnensteig, Tel. (01 77) 6 41 30 46 www.springerle.net
- ÖPNV: Bus 335, Haltestelle Albgut (ca. 10 Minuten Fußweg)

Immer den Blumen nach

40 Schifffahrt mit dem Ulmer Spatz

Vorweg die Preisfrage: Wie heißt der längste Fluss Europas? Donau! Nein, es ist die Wolga. Aber die Donau passiert so viele Länder wie kein anderer Fluss auf der Erde. Und sie ist einer der ältesten und bedeutendsten Handelswege Europas. Bei Ulm ist sie sogar kulturelle Grenze: die zwischen Schwaben und Bayern! Was man an den Schwänen erkennt, denn die trifft man nicht auf schwäbischer, sondern auf bayerischer Seite an, weil nur in Bayern das Füttern der stolzen Vögel erlaubt ist. Doch man trifft noch einen anderen Vogel hier auf der Donau: Das Motorschiff Ulmer Spatz ist sicherlich eines der charmantesten Schiffe, die die Donau rauf und runter fahren. Acht Kapitäne, zehn Steuermänner und sechs Matrosen gehören zur Mannschaft, natürlich nicht alle gleichzeitig. 34 hölzerne und gemütliche Sitzplätze hat das 1935 auf dem Schwarzwälder Schluchsee in Betrieb genommene Motorschiff. Am Ende des Zweiten Weltkriegs wurde es erst als Schmugglerschiff bis an den Boden des Sees versenkt. Doch 2015 wurde es wieder hervorgeholt und von der Lebenshilfe generalüberholt, von Menschen mit und ohne Beeinträchtigung – ein tolles Gemeinschaftsprojekt! Wer sich für eine Fahrt mit dem Spatzen auf den Weg macht, kann sich auf eine ganze Stunde freuen, die er flussaufwärts und flussabwärts schippert, entlang der Gestade Ulms mit Blick aufs Münster und den schiefen Turm von Ulm. Die Sonne scheint dabei herrlich durch das Dach, und vorne am Bug blühen die Blumen. Man kann den humorvollen Geschichten des Kapitäns lauschen, der erzählt, dass die grünen Schilder mit schwarzer Schrift beidseits des Flusses die Entfernung anzeigen, allerdings nicht wie auf anderen Flüssen üblich von der Mündung bis zur Quelle, sondern umgekehrt. Seinen tierischen Namen hat das Schiff übrigens vom legendären Ulmer Spatzen, um den sich folgende Geschichte rankt: Erbauer des Ulmer Münsters wollten einen Balken quer durch eine Tür tragen, was nicht gelang. Als sie sich von der Anstrengung erholten, beobachteten sie einen Spatzen, der gerade sein Nest baute. Und einen Strohhalm längs durch die Tür trug …

TIPP

Den äußerst liebenswerten Ulmer Spatzen sieht man im Ulmer Münster in einer Vitrine.

● Ulmer Spatz, Ablegestelle am Donauufer unterhalb des Metzgerturms in der Ulmer Altstadt, Info: Donau-Iller-Werkstätten, Finninger Straße 33, 89231 Neu-Ulm, Tel. (07 31) 92 26 83 91, www.ulmer-schifffahrt.de

● ÖPNV: Bus 78, Haltestelle Steinerne Brücke (ca. 10 Minuten Fußweg)

Beschaulich und besinnlich

41

Im Klarissenkloster Pfullingen

Nirgendwo in Europa ist ein mittelalterliches Sprechgitter der Klarissen erhalten geblieben. Ein eng durchlöchertes Gitter mit Abwehrhaken auf der Seite von „denen da draußen", durch das die Klarissen sprachen und das ihre einzige Verbindung zur Außenwelt war. Und das auch nur unter Aufsicht und mit Genehmigung der Oberin. Das Bodenniveau zwischen „denen da draußen" und „denen da drinnen" war unterschiedlich hoch, sodass „die draußen" auf Zehenspitzen stehen und „die da drinnen" auf den Knien liegen mussten, um sich in die Augen schauen zu können, soweit das Gitter es ermöglichte. Das Gitter war so raffiniert gestaltet, dass die „da draußen" die „da drinnen" nur als Umriss wahrnehmen konnten, wohingegen die „da drinnen" die „da draußen" wie durch eine Lupe genau erkennen konnten. Erhalten geblieben ist noch die Mauer, in der sich das Gitter befand. Einst gehörte sie zu einem Sprechraum, der durchaus ansprechend bemalt war, wie die Reste der Mauer zeigen. Das Klarissenkloster wurde um 1250 von zwei adligen Pfullinger Frauen gegründet. Bis heute kann man hier verspüren, was ihnen klösterliche Abgeschiedenheit und Stille bedeutet hatten: die Welt draußen loslassen. Denn der Orden der Klarissen ist ein kontemplativer, also ein betrachtender, beschaulicher, besinnlicher Orden. Die Geschichte des Klosters ist wechselhaft: Einst umfasste die Klosteranlage Kirche, Konventsgebäude, Wirtschaftsgebäude, Fruchtkasten, Zehntscheuer und Mühle. Nachdem 1539 Herzog Ulrich von Württemberg die Nonnen aus dem Kloster vertrieben hatte und den Glockenturm sowie den Altar abreißen ließ, ließ 1551 sein Sohn Herzog Christoph die Nonnen wieder nach Pfullingen zurückkehren. Ab 1845 befand sich das ehemalige Kloster in Privatbesitz. Heute gibt im ehemaligen Waschhaus der Nonnen eine Dauerausstellung zum Thema „Armut – Demut – Gehorsam" einen Einblick in ihr Leben. Man geht über das Gelände und entdeckt hier einen Stein in der Wand, dort eine grünumrankte Ecke, dort einen Mauerrest.

TIPP

Noch original und liebenswert altertümlich ist die ehemalige Privatbibliothek neben dem Kloster. Auf dem Cordsofa wurde diskutiert und philosophiert.

- Klarissenkloster Pfullingen, Klostergarten 2, 72793 Pfullingen, Tel. (07 12 1) 70 30 41 01, www.pfullingen.de
- ÖPNV: Bus 11, Haltestelle Klostergarten

Kunst am Popo

42 Die Tomi-Ungerer-Toilette „les toilettes" in Plochingen

Na gut, der erste Entwurf war eigentlich besser, zeigte aber in die falsche Richtung – zur Kirche hin. Und das wäre dann doch etwas respektlos gewesen, der den prallen Hintern zuzuwenden. Denn was in Plochingen vom berühmten elsässischen Künstler und Karikaturisten Tomi Ungerer entworfen wurde, das war ein öffentliches Klo. In Form eines Pos. Es wäre genau genommen ein weißer Bau mit Fröschen auf den Seitenwänden und einem Kuppeldach in Form eines großen, rosaroten Hinterteils gewesen, und „Übung macht den Meister" hätte über der Tür des Kunst-Klos stehen sollen. Arsch-itektur im wahrsten Sinne des Wortes, witzelte damals der schlitzohrige Ungerer. Und prophezeite den Plochingern, dass ihre beschauliche Stadt dank seiner Toilette zum neuen Sitz der deutschen Nation werden würde. Den „Po-litikern" schrieb er ins Stammbuch, dass Stuhlgang ohnehin besser sei als Untergang. Aber wie es halt so ist, einige hatten das Popoklo etwas missverstanden. Also musste eine neue Klo-Idee her. Bei seiner Einweihung stand das Meisterwerk noch verhüllt von einem grellen, pinkfarbenen Tuch da. Die Spannung der Klogierigen stieg und stieg, die Musikkapelle spielte auf. Als sich der Vorhang hob, kam ein dunkelgrüner Würfel mit aufgemalten Fabelwesen auf den Wänden, schmalen Wasserbecken am Boden und einem Dekofries aus rosafarbenen Toilettenbrillen zum Vorschein. Für Plochingens Bürgermeister Eugen Beck eine „märchenhafte, kindliche Facette seiner Kunst". Tomi Ungerer selbst war trotz starker Rückenschmerzen extra angereist, um den Plochingern „viel Spaß bei ihren neuen Sitzungen" zu wünschen. Das Örtchen für Herren ist auf der einen Seite mit einem zubeißenden (weiblichen?) Drachen mit Klopapierrollenzunge geschmückt, das auf der anderen mit einem grinsenden Chamäleon mit einer ebenso langen Klopapierrollenzunge, mit Klobrillen gekrönt und hinein geht man durch einen geöffneten Toilettendeckel. Ach, Herr Ungerer, könnte man nur überall so humorvoll seine Sitzungen abhalten.

TIPP

Gleich hinter den Toiletten steht die Kapelle der Ottilie, die für die Augen zuständig ist.

- Toilettenhäuschen „les toilettes", Schorndorfer Straße 1, 73207 Plochingen
- ÖPNV: Bus 143, Haltestelle Plochinger Straße

Paradies hinter Klostermauern

43 Der Garten des Heimatmuseums Reutlingen

Öffnet man das Gatter zum Heimatmuseum, öffnet sich eine ganz eigene verwunschene Welt mitten in Reutlingen. Ein Hortus conclusus, ein abgeschlossener Garten. Ein Begriff, zurückgehend auf das sogenannte Paradiesgärtlein, das im Hohenlied des Alten Testamentes genannt wird. Dort heißt es: „Meine Schwester, liebe Braut, du bist ein verschlossener Garten, eine verschlossene Quelle, ein versiegelter Born". Und so wird im Garten des ehemaligen Königsbronner Pfleghofes und heutigen Heimatmuseums gerne romantisch geheiratet. Umgeben von Lindenbäumen, Bergahorn, Spitzahorn, Vogelkirsche und Zierapfel, verschiedenen Sträuchern wie blütenreichen Spiersträuchern, Mahonie und Buchsbaum, von Lavendel, Salbei, Glockenblume, Storchschnabel und Anemonen, und im Frühjahr von Krokussen und Narzissen. Dazwischen stehen, liegen und lehnen überall steinernen Zeugnisse der Stadtgeschichte: Fragmente der Marienkirche, historische Grabmäler aus dem Mittelalter und der Renaissance, Sühnekreuze und verschiedene Skulpturen und steinerne Säulen. Efeu umrankt die roten Fensterläden des Fachwerkhauses, wilder Wein die Kapelle. Es gibt Bänke und Stufen zum Sitzen und Verweilen sowie ein altes Wagenrad und einen verwunschenen Brunnen. Ein gesichtsloser Schwertträger bettet sein Haupt auf ein Kissen. Überbleibsel eines Wappens dort, ein Stein mit Resten einer Inschrift hier. Zwei Putten flankieren auf einem Epitaph zwei Wappen, darüber ein Blechdach, das keines ist, sondern den Lauf der Sonne symbolisieren soll – überall entdeckt man dekorative Spuren der Geschichte. Das Heimatmuseum selbst ist durchaus sehenswert, nicht zuletzt wegen der Sonderausstellungen. Mal ging es um Hochzeitsbräuche im Laufe der Zeit, mal gab es eine Spielzeug-Wirtschaftswunderausstellung. „Das hab ich auch gehabt! Spielzeug aus dem Wirtschaftswunder", hörte man viele sagen. Man darf auf die nächste interessante Staffel der Ausstellungen in dieser malerischen Umgebung gespannt sein …

- Heimatmuseum Reutlingen, Oberamteistraße 22, 72764 Reutlingen, Tel. (07 12 1) 3 03 20 50, www.reutlingen.de
- ÖPNV: Bus X3, Haltestelle Reutlingen Stadtmitte (ca. 5 Minuten Fußweg)

Grünes Gras zu weißer Milch

44 Auf dem Ziegenhof Ensmad in Langenenslingen

Da gibt es die Geschichte von dem Studenten, der es leid war, ständig die genialen Geschäftsideen seines levantinischen Kommilitonen anzuhören. Um ihn zu übertrumpfen, erzählte er ihm eines Tages seine eigene geniale Idee: „Ich weiß, wie man aus grünem Gras weiße Milch macht." „Was, wirklich? Das ist ja toll! Und wie geht das?" „Ganz einfach, man braucht dafür Ziegen …" Die erste belegte Anwendung von Ziegenmilch als Heilmittel geht auf den antiken Arzt Hippokrates (ca. 460–375 v. Chr.) zurück. Als Erklärung für das lange Leben vieler Menschen auf dem Balkan wird häufig die dort viel getrunkene gesäuerte Ziegenmilch angeführt. Keine Frage: Ziegenmilch ist gesund. Nun zum Bioland-Ziegenhof Ensmad, zu dem auch eine schöne Wallfahrtskapelle gehört. Der Hof liegt malerisch in Einsiedlerlage zwischen Riedlingen und Gammertingen nahe Ittenhausen am Südrand der Schwäbischen Alb. Die Ziegen des Hofs sind von Natur aus behornt, bis auf einige Tiere, die genetisch hornlos sind. Es gibt genügend Platz im Stall, was Stress beim Fressen verhindert, und die Ziegen gehen auf die große grüne Weide. Hier auf dem Ensmad-Hof hat sich junge Familie um Maria Ehrlich und Steffen Rübeling mit mehreren Hundert Ziegen den Traum vom Leben auf dem Land verwirklicht. Nach harter Aufbauarbeit ernten und verkaufen sie die Früchte ihrer Arbeit: leckeren Ziegenfrischkäse Alb-Orient-Express, Cranberryrolle, Ziegenfrischkäsetörtchen oder Ziegenfrischkäse Paprika-Knoblauch. Ein Muss für jeden Käse-Fan. Sieht man die junge Familie mit ihren mehreren Hundert Ziegen auf ihrem wunderschönen Grundstück am Ende des kleinen Tals – dann spürt man: Es gibt ihn doch, den Traum vom Leben auf dem Land. Und wer eine Weile den Ziegen zuschaut, dem kann es passieren, dass er sich verliebt. In diese eigenwilligen, intelligenten, neugierigen, klugen, freiheitsliebenden und so lebendigen Tiere, die die perfekte Mischung zwischen Hund und Katze sein sollen – und sind. Hier findet jeder seine Lieblingsziege. Denn eines sei auch noch gesagt: Ziegen schließen Freundschaften.

- Ziegenhof Ensmad, Ensmad 2, 88515 Langenenslingen, Tel. (07 37 6) 17 56
www.ziegenhof-ensmad.de
- ÖPNV: Bus 390, Haltestelle Langenenslingen Rathaus (ca. 30 Minuten Fußweg)

Kristall der Erleuchtung

45 Die Stadtbibliothek Ulm

Weil über die Jahre immer weniger Besucher kamen, hat sich die Stadtbibliothek in Ulm etwas einfallen lassen. Sie hat sich vom niederländischen Architekten Aat Vos inspirieren lassen, der die Idee entwickelt hat, Bibliotheken als offenen Raum zu gestalten. Er sieht die Büchereien als „Dritte Orte", als einen Zwischenraum öffentlichen Lebens, in dem sich jedermann aufhalten, lesen, virtuell surfen, spielen oder leise unterhalten kann. Alles ohne Mitgliedsausweis! Einst war in der heutigen Stadtbibliothek die Welt der Wissenschaft, nun ist es eine Welt für alle: durch ein ehrenamtlich betriebenes Lesecafé in der Spitze der gläsernen Pyramide im fünften Stock – heute kommen dreimal so viele Besucher wie früher. Der Architekt Gottfried Böhm hat die Form der Bibliothek allerdings nicht als eine Pyramide bezeichnet, sondern als einen Kristall. Böhm, der eher für seine Betonbauten bekannt ist, hat sich hier auch an das Glas gewagt, mit tollem Ergebnis! Geht man in der Stadtbibliothek hinunter in das Tiefgeschoss, sieht man manchmal jemandem auf dem Boden auf dem Rücken liegen und nach oben schauen. Oft auch mit einer Kamera in der Hand. Denn verwinkelte oder geschwungene Treppenhäuser sind häufig eine Leidenschaft vieler Fotografen und Filmer, aber was sich da oben am Himmel bietet, ist einfach traumhaft. Eine Collage aus Splittern in Weiß, Grün und einem tiefen warmen Rot, sinnlich und verführerisch, aber auch behaglich und von schützender Wärme. Eine positive und lebensfrohe Farbe, steht sie doch für Leidenschaft und Blut. Die gläserne Pyramide obendrauf ist ein Symbol für Erleuchtung und ein Symbol dafür, die Fesseln des Hier und Jetzt abzulegen und gen Himmel aufzusteigen, dem Ursprung aller Erleuchtung. Also, auf in die Stadtbibliothek Ulm! Ganz nach oben unter den gläsernen Himmel, hoch droben über der Stadt. Mit einem guten Buch in der Hand im Lesecafé in andere Welten eintauchen.

● Stadtbibliothek Ulm, Vestgasse 1, 89073 Ulm, Tel. (07 31) 1 61 41 40
www.stadtbibliothek.ulm.de

● ÖPNV: Bus 73, Haltestelle Rathaus (ca. 5 Minuten Fußweg)

Dornröschen ist wach

46

Das Restaurant Bahnhof Kohlstetten in Engstingen

Fährt man auf der Landesstraße 230 fröhlich zwischen Engstingen und Münsingen vor sich hin, dann fällt einem ein maisgelbes, nostalgisches Bahnhofsgebäude auf, das äußerst einladend aussieht. Und an das liebenswürdige Lied von der Schwäbsche Eisenbahn erinnert? An die Zeile: „Auf de schwäbsche Eisebahne gibt's gar viele Haltstatione ... Trulla, trulla, trullala, trulla, trulla, trullala ... Auf de schwäbsche Eisebahne gibt es viel Restauratione, wo ma esse, trinke ka, alles, was der Mage ma." Da muss man doch anhalten und die „Restauration" begutachten. Nach einem Blick auf die Speisekarte kommt einem noch eine weitere Strophe in den Sinn: „Eine Geiß hat er sich kaufet und dass sie ihm nit entlaufet, bindet sie de guete Ma hinte an de Wage na." Was aus der Geiß geworden ist, sei hier nicht aufgeschrieben. Aber was das Lied mit dem Restaurant zu tun hat: Hier gibt es karamellisierten Kräuter-Ziegenfrischkäse. Also auf in die „Restauration", wo der Chef im ehemaligen Schalterraum waltet. Bevor er hier seinen Traum verwirklichen konnte, war er erst mal Schreiner. Keine schlechte Voraussetzung, um dieses einst marode Gebäude wieder auf Vordermann zu bringen. Jahrzehnte- lang hat der Bahnhof leer gestanden und lag im Dornröschenschlaf, bis ein Ehepaar aus Lichtenstein das 1893 errichtete Gebäude erworben hatte, um es nach historischen Zeichnungen wiederherzustellen. Noch original aus der Entstehungszeit ist übrigens das Bahnhofsschild „Kohl-stetten". Heute erstrahlt das Gebäude in lichtem Ocker und Englischrot, wie alle Bahnhöfe entlang der Schwäbischen Alb-Bahn von der Königlich Württembergischen Staats-Eisenbahn. Innen liebevollste Deko, nicht überladen. Und was auf den Teller kommt, ist köstlich: eine Mischung aus mediterraner, provenzalischer und schwäbischer Küche. Hier sollte man nicht mit dem Auto vorbeifahren und nicht mit dem Zug durchfahren. Sondern anhalten, verweilen und genießen! Besonders abends sind die Plätze draußen entlang des Gleises sehr beliebt, denn dann ist Sonnenuntergang.

- Restaurant Bahnhof Kohlstetten, Landstraße 4, 72829 Engstingen, Tel. (07 38 5) 9 68 39 10, www.bahnhof-kohlstetten.de
- ÖPNV: Bahn 759, Haltestelle Kohlstetten

Kohlstetten
Kohlstetten
Engstingen
Kohlstetten

Höllisch scharf!

47 Hottpott Saucen Manufaktur in Walddorfhäslach

Man muss immer das Beste aus seiner Situation machen. Wie Njeri (ausgesprochen Jerry) Kinyanjui es tat. Und die Inder. Njeri ist in Nairobi ins Internat gegangen. Wie an vielen Orten der Welt war auch dort das Mensa-Essen nicht überzeugend. Weshalb Njeri mit ihren Freundinnen auf die Idee kam, ein einfaches Chutney in ein Glas zu füllen. Hauptbestandteile waren Zwiebeln, Koriander, Chilis, Tomaten und Zitronensaft. Was damals in Nairobi geholfen hat, hat sich nun auch in Walddorfhäslach bei Tübingen bewährt. In ihrer Hottpott Saucen Manufaktur bietet Njeri ihre außergewöhnlichen Kreationen an. „Wie bist du darauf gekommen, das alles in ein Glas zu tun?", haben sie Afrikaner oft gefragt. Denn „in Afrika kochen wir die Früchte und essen sie auf. Dann sind sie weg. Es gibt wenig bis keine Vorratshaltung", erklärt Njeri. Der Reichtum Afrikas an Früchten werde leider fast gar nicht genutzt, beklagt sie. „Man kennt dort nicht einmal einfache Techniken wie das Einmachen." Doch Njeri hat sich bei den Indern inspirieren lassen, die zu Zeiten der britischen Kolonialherren oft nach Ostafrika gebracht wurden. Als Coolies (ungelernte Arbeiter) schufteten sie dort beim Eisenbahnbau, Land konnten sie keines erwerben, einen Kühlschrank hatten sie nicht. Also kochten sie das Chutney als Vorratshaltung: gekochte, pürierte Früchte, lecker gewürzt mit Essig, Salz, Zucker und Chilis. „African Magic" ist Njeris jüngste Kreation, höllenscharf mit Jalapeños, Cayennepfeffer und Pfeffer. Oder auch „Sina Makosa", eine Tomatenpaste – unwiderstehlich sei diese, sagt Njeri. Neben Chutneys, Pasten und Saucen bietet sie duftende Gewürzmischungen wie Berbere und Dekus aus Eritrea, Harissa und Ras el Hanout aus Nordafrika. In ihrer jetzigen schwäbischen Heimat hat sie ein großes „Baumgütle", wo es frische Äpfel und Früchte in Hülle und Fülle gibt. Und so ist Njeri auch zur Marmeladenköchin geworden. Dabei würzt sie oft sehr ausgefallen: Zum Rhabarber gibt sie Kardamom, zur Papaya Lavendel, zur Ananas Vanille und zu den Johannisbeeren Sternanis. Und es ist immer ein Gaumenschmaus!

- Hottpott Saucen Manufaktur, Stuttgarter Straße 2, 72141 Walddorfhäslach, Tel. (07 12 1) 60 37 95, www.hottpott.de
- ÖPNV: Bus 1, 3, Haltstelle Marktplatz (ca. 5 Minuten Fußweg)

afrikanisch kochen
Chakalaka
2011-2014

Anfassen! Ausprobieren!

48

Im explorhino in Aalen

Mal ehrlich, auf Listen mit den Orten, die man einmal im Leben besucht haben muss, wird man Aalen eher selten finden. Schade. Denn Aalen ist absolut einen Ausflug wert. Schon wegen der Sonne, die hier, im Vergleich zum Rest des Landes, deutlich öfter scheint. Neugierige gehen ins explorhino, ein Science Center mitten in Aalen mit einer interaktiven Mitmachausstellung voller interessanter Experimente. Das Besondere an diesem Museum: Anfassen erwünscht! Anpacken erwünscht! Aus grauer Naturwissenschaft wird hier lebendige Praxis. Man kann in überdimensionale Seifenblasen hineinschlüpfen, Elektrizität an den Fingerspitzen spüren, das Prinzip des Seilzuges mit eigener Kraft erfahren. Überhaupt: Warum sind Seifenblasen rund? Gibt es bunte Schatten? Können Schaumküsse wachsen? Interessantes lernt man auch in den Entdeckerkursen: Wie kann ich eine selbst gebastelte Rakete mit Luftdruck in den Himmel schießen? Oder wie nutze ich Sonnenlicht, um meinen eigenen Strom zu erzeugen? Und jeder kann am Ende ein eigenes kleines Experiment mit nach Hause nehmen. In der Ausstellung gilt es, knifflige Knobelspiele zu lösen oder am großen plastischen 3-D-Relief die Entstehung und Vielfalt der Schwäbischen Alb aus einer ganz eigenen Perspektive zu erleben. Bei Fragen helfen die Mitarbeiter der Ausstellung gerne weiter und geben Tipps und Anregungen zum weiteren Verständnis. Hier kann man locker drei Stunden ausprobieren, und staunen und lernen. Und nicht nur die Kleinen, sondern auch die Großen! Wie heißt es doch: Neugierde ist die Quelle allen Wissens. „Sei doch nicht so neugierig“ – ein Satz aus der Mottenkiste der Geschichte! Übrigens: Noch eine Dekoidee für den Sommer gesucht? Hier ein Tipp aus dem explorhino: einen mit Wasser gefüllten Luftballon in die Gefriertruhe legen. Nach 24 Stunden ist das Wasser außen gefroren und innen noch flüssig. Schwimmkerzen reinsetzen – fertig ist der leuchtende Sommernachtstraum.

TIPP

Wissensdurstige gehen auch noch ins Urweltmuseum für Geologie und Paläontologie.

- explorhino, Beethovenstraße 12, 73430 Aalen, Tel. (07 36 1) 5 76 18 00 www.explorhino.de
- ÖPNV: Bus 32, 33, 34, 35, 42, Haltestelle Hochschule/explorhino

Leben unterm Regenturm

49 Das Hundertwasserhaus in Plochingen

Was die Wiener haben, haben die Plochinger jetzt auch: Eine Wohnanlage im Sinne von Hundertwasser. Wobei das Plochinger Hundertwasserhaus etwas Einmaliges hat: einen von ihm gestalteten Innenhof. Wer also aus den umliegenden Wohnungen in den Innenhof blickt, sieht einen Hundertwasser vor sich. In Wien ist es gerade umgekehrt, man blickt aus dem Hundertwasser auf gerade, kalte, rationale Fassaden, die anderen haben die Freude an der Kunst des Meisters, nicht man selbst. Als Anfang der 1980er-Jahre die Innenstadt von Plochingen umgestaltet wurde, wurde am Marktplatz ein historischer Kern und aus der Marktstraße eine Fußgängerzone zum Flanieren mit einem neuen Wohnviertel geschaffen. Mithilfe von Kontakten über die österreichische Partnerstadt Zwettl konnte der Künstler Friedensreich Hundertwasser für die Gestaltung des Innenhofes gewonnen werden. Er entwarf aber nicht nur den Innenhof, sondern auch den 33 Meter hohen Regenturm mit den vier goldenen Kugeln an den vier oberen Ecken, die mit 24 Karat Blattgold belegt sind und einen Durchmesser von 1,60 Metern haben. Gekrönt wird der Turm von einem runden Penthouse mit einem Rasen auf dem Dach. Der Innenhof kann zwar nicht betreten werden (es sind ja Privatwohnungen), man kann aber an einer interessanten und informativen Führung teilnehmen, um das Kunsthaus zu bestaunen. Und den Turm kann man sowieso von außen bewundern sowie das markante Profil-Porträt des Künstlers innen an der Turmwand. Typisch für den Künstler sind die geschwungenen Linien, das Fehlen jeglicher Standardisierung, die fantasievolle Lebendigkeit und Individualität sowie die Einbeziehung der Natur in die Architektur. Und natürlich die leuchtenden bunten Farben. Wer sich das Hundertwasserhaus in Plochingen bei einer Führung ansieht oder auch nur daran vorbeigeht, wird sie erleben: die leichte Art des Seins, und mit ein paar mehr Glücksgefühlen im Herzen weitergehen.

- Hundertwasserhaus Plochingen „Wohnen unterm Regenturm“, Unterm Regenturm 5, 73207 Plochingen www.hundertwasserhaus-plochingen.de
- ÖPNV: ab Bahnhof Plochingen ca. 10 Minuten Fußweg

Ein Job für Wendelstein

50 Die Glückskatze im Kirchturm Daniel in Nördlingen

Es gibt einen schnurrenden, dreifarbigen Grund, den Danielturm in Nördlingen zu besteigen: Wendelstein heißt er. Und ist eine Katze, eine eben sehr liebenswerte. Die Geschichte von Anfang an: Es begab sich eines Tages, als Brösel, seines Zeichens Turmwächter in Nördlingen, große Gelüste nach einer Fischsemmel verspürte. Also stieg er die 350 Stufen hinab und ließ die kleine Katze, die ihm in der Früh auf den Turm gefolgt war, oben auf dem Turm. Als Brösel wieder mit seiner Fischsemmel auf den Turm kam, war er nicht wenig erstaunt: Der Turm war taubenfrei. Tagelang ging das Kätzchen mehrmals täglich die Treppen runter und wieder hoch, drehte mehrmals ihre Runden in der Stadt – und stand dann wieder oben . . . zum Aufwärmen, zum Futtern, zum Schlafen und zum Schmusen. Bis Brösel entschloss, die Katze sollte bleiben. Als Taubenverjager. Brösel rief beim Bürgermeister an, der wiederum beim Tierschutzbeauftragten, der befand, Wendelstein, wie die Katze nach einem früheren Namen des Danielturms genannt wurde, darf da oben bleiben und als Taubenschreck arbeiten. Heute begrüßt Wendelstein jeden Besucher persönlich, auch die Mitglieder eines japanischen Fernsehteams, die extra aus dem fernen Nippon angereist kamen, um die Dame zu filmen. Wendelstein ist nämlich dreifarbig und da diese Farbgebung so selten ist, betrachtet man sie als gutes Omen. Japanische Segler fuhren früher zur See mit einer Glückskatze an Bord, da sie eine sichere Reise und heile Schiffe garantieren sollte. Bereits im Mittelalter glaubte man an den Mythos der Glückskatze. Im Volksglauben hieß es da: „Hat man eine Glückskatze im Haus, dann bleibt das Feuer fern.“ Teilweise wird sogar behauptet, dass Menschen damals daran glaubten, die Glückskatzen könnten bereits brennende Feuer durch ihre Anwesenheit löschen. Zu seinem zehnjährigen Arbeitsjubiläum im September 2019 hat Wendelstein übrigens vom Oberbürgermeister Hermann Faul persönlich einen Fresskorb überreicht bekommen. Also auf hinauf auf den Daniel in Nördlingen, Wendelstein begrüßen und das Glück für sich pachten.

● Kirchturm Daniel, Windgäßchen, 86720 Nördlingen, Tel. (09 08 1) 8 41 16
www.noerdlingen.de
● ÖPNV: Stadtbus 508, Haltestelle Schäfflesmarkt

Alte Heimat, neues Glück

51 Das Dorf Gruorn in Münsingen

Vielleicht liegt es ja daran, dass hierzulande vieles so ordentlich, so sauber und so aufgeräumt ist. Vielleicht kommt daher die Sehnsucht nach „Lost Places", also nach Ruinen aus der Industriegeschichte, dem Privatbereich oder nicht mehr genutzten militärischen Anlagen. Ein Lost Place ist nicht touristisch erschlossen, und somit ist das ehemalige Dorf Gruorn nicht wirklich ein Lost Place. Aber ein Ort für Entdecker ist er allemal. Das ist alles so weit und offen hier, der Blick kann in die Weite schweifen und die Fantasie auf die Reise gehen anhand der spärlichen Reste der wechselvollen Geschichte dieses Ortes. Das erstmals 1095 erwähnte Dorf Gruorn wurde 1938 in den Truppenübungsplatz Münsingen integriert, der seit 1896 bestand, was für 665 Einwohner eine Zwangsumsiedlung bedeutete. Nach dem Exodus der Einwohner dienten die Gebäude des aufgegebenen Dorfs anfänglich als Kulisse für Häuserkampf-Übungen und verfielen nach dem Krieg nach und nach. Die Häuser, die noch standen, wurden dann von der französischen Kommandantur, die damals das Sagen auf dem Gelände hatte, für die Bevölkerung freigegeben, um Baumaterialien wegzuschaffen. 1973 war das Areal dann derart verfallen, dass die Gebäude durch die Militärverwaltung bis auf die Grundmauern aus Sicherheitsgründen abgetragen wurden. Stehen geblieben sind nur die Stephanuskirche mit dem angeschlossenen Friedhof, ein Denkmal und das Schulhaus von 1881 sowie wenige weitere Grundmauern. Dass das hier ein ehemaliger Truppenübungsplatz war, sieht man an den Schafen: Es sind keine Schafherden, sondern Schafstruppen – diszipliniert, streng in Reih und Glied! Das ehemalige Gruorner Schulhaus beherbergt heute eine spannende Ausstellung über die Geschichte des Dorfes sowie eine kleine Gaststätte mit angeschlossenem Biergarten, die liebevoll „Heimstube" genannt wird. In dieser nostalgischen Atmosphäre erinnert man sich gerne an andere Zeiten.

- Dorf Gruorn, 2525 Münsingen, Tel. (07 38 1) 18 21 40
  www.gruorn.info
- ÖPNV: Bus 349 ab Münsingen, Haltestelle Gruorn

Gruorn

Der Poet und seine Muse

52

Auf dem Kunstpfad der Universität Ulm

Wir Menschen lieben einfach Superlative. Voilà, hier ist einer: Die Universität Ulm ist weltweit die einzige Hochschule, die mit einem Kunstpfad aufwarten kann. Und was für einem! Auf dem schönen Rundgang entdeckt man im Schnitt alle 25 Meter eine Großplastik oder Wandgestaltung in einem liebevoll gestalteten Park – einer wahren Poesie des Alltags. Um die 60 Kunstwerke stehen hier, Werke von international renommierten Künstlern, echte Hochkaräter. Max Bill, Herbert Volz, Niki de Saint Phalle und vielen mehr. Von Letzterer stammt das Werk „Der Dichter und seine Muse" – ein wahrer Farbzauber, wie er typisch für diese Künstlerin ist. „Der Dichter und seine Muse" haben ihren Platz in dem kleinen See nördlich der Universität auf dem oberen Eselsberg gefunden. Schon alleine der Name des Werks ist Poesie, denn im Französischen heißt das Werk „Le Poète et sa Muse". Franzosen lieben Wortspiele, und so weist der Name auf das Verb „s'amuser", auf die Bedeutung sich amüsieren, sich unterhalten, oder „amuser", sich belustigen, hin. Kurz und gut: Die beiden haben eine Menge Spaß miteinander. Noch einer zweiten Skulptur von Niki de Saint Phalle begegnet man beim gemütlichen Spaziergang durch den Park: „Adam und Eva" samt Schlange – ein Liebespaar beim lauschigen Picknick mit Hähnchen und Wein. Eine fröhlich-verliebte Szene in Rot, Grün und dem typischen Niki-Blau. Eva mit einem Herzen auf der einen und einer Blume auf der anderen Brust. Wo Adam und Eva sind, darf ein Baum nicht fehlen, und so steht auf dem Gelände auch ein „Lebensbaum", eine kinetische Stahlskulptur. Sehr originell sind die zwei Trommeln, eine davon „Die Unvollendete". Und so kann man an jeder neuen Ecke ein neues Kunstwerk bestaunen und gerne ins Nachdenken geraten, was den jeweiligen Künstler zu seiner Arbeit inspiriert hatte. Wer den Kunstpfad entlanggeht, erlebt Kunst in wahrer Größe – nicht nur für Kunstfans ein Muss!

TIPP

Im Atelier im Musischen Zentrum der Universität bieten professionelle Künstler verschiedene Kurse an.

● Kunstpfad Universität Ulm, Gelände Universität Ulm, Oberer Eselsberg, 89081 Ulm, Tel. (07 31) 50 10, www.tourismus.ulm.de
● ÖPNV: Bus 3, 6, 45, Haltestelle Uni Nord

Pack dein Vesper ein

53

Das Boulanger in Tübingen

Bayerische Biergartenverhältnisse in Tübingen! Das gibt es sonst in keiner schwäbischen Kneipe – soweit bekannt –, dass man sein eigenes Vesper mitbringen kann, das in Bayern allerdings Brotzeit heißt. Da es im Boulanger (deutsch ausgesprochen, wie man es liest) nur etwas zu trinken, aber nichts zu essen gibt, sorgt man halt selbst für eine anständige Grundlage für alkoholische Genüsse. Hier ist es lässig, so gemütlich, wie es nur in alten Kneipen in Studentenstädten sein kann. Kein Wunder, im ersten Stock wurden drei Studentenverbindungen gegründet. Und man kann es förmlich spüren: Hier wurden unendliche Stunden verdiskutiert und vertrunken. Früher ja auch verraucht. Hier kann man einfach dasitzen und die Zeit vergessen. Das urige Boulanger ist eine alte Tübinger Institution, die nachweislich schon seit 1782 besteht. Ihr Name hat sich öfter geändert, die Gaststätte selbst kaum. Sie soll Hegels Lieblingskneipe gewesen sein, denn kein Geringerer als der einstige Stiftler und spätere Philosoph des Idealismus soll hier am liebsten seinen Schoppen Wein getrunken haben. Schelling und Hölderlin sollen hier einen eigenen Stammtisch gehabt haben. Vielleicht hat einer von ihnen ja hier auf gerade diesem Platz gesessen? Ab 1796 wurde die Gaststätte und Bäckerei von der Familie Kemmler als Gaststätte Kemmler geführt. Der Name Boulanger wird allerdings erst 1934 erstmals in den Akten erwähnt. Einer der Kemmlers soll in Paris gewesen sein, und als er wieder zurückkam, sei er als Franzose verspottet worden, was ihm den Namen „Boulanger" (Bäcker) eintrug. Doch hier ist noch mehr Geschichte geschehen, denn an Anekdoten fehlt es dem Boulanger nicht. Etwa die Erzählung von dem Mann, der einmal eine Tasse Tee bestellte. „Tut mir leid", sagte der Wirt, „die Tasse ist gerade woanders." Oder: Ende der 1980er-Jahre stürzte abends ein splitternackter Mann in die Kneipe und verlangte ein Bier. Er bekam nichts. Denn er habe ja keinen Geldbeutel dabei, beschied ihm der Wirt. Mehr urige Geschichte erwünscht? Auf ins Boulanger!

- Boulanger, Collegiumsgasse 2, 72070 Tübingen, Tel. (07 07 1) 2 33 45
- ÖPNV: Bus 826, 828, Haltestelle Krumme Brücke (ca. 5 Minuten Fußweg)

Spezialmaschinen-Fabrik
für die alkoholfreie Industrie
ZUFFENHAUSEN = STUTTGART

Begehbare Romantikgemälde

54 Die Kirchenruine Maria Hilf

Ausgangspunkt ist oben im Ort, wo sich manch eine gediegene, manch eine geschmackvolle, manch eine repräsentative und manch eine prachtvolle Villa an die andere reiht. Etwa 20 Minuten geht man durch den Wald, und dann kommt die große Überraschung: Die gewaltige Ruine der Kirche Mariahilf, einsam auf einer Lichtung gelegen. Nur Mauerwerk, ohne Dach, ohne Glasfenster. Eine Ruine, wie sie Kaspar David Friedrich, der Maler der Romantik, in seinen romantischen Bildern gerne malte. Emotionen sollten diese Gemälde auslösen, den Menschen tiefe Ehrfurcht vor dem Göttlichen lehren. Unberührt bleibt man auch beim Anblick dieser Ruine, einem begehbaren Gemälde, gewiss nicht. Die Geschichte des Gotteshauses hatte im Jahr 1649 begonnen, als der Mühlheimer Pfarrer Walter nach dem dreißigjährigen Krieg ein Muttergottesbild an einer alten Eiche hier auf dem Welschenberg anbrachte – Trost und Hilfe brauchten die Menschen damals im Übermaß. Und so kam es, dass bald Menschen von nah und fern hierher pilgerten. Für sie wurde um 1652 um diese Eiche eine erste Wallfahrtskirche gebaut. Hundert Jahre später wurde sie durch eine neue ersetzt mit 47m Länge und 18m Breite, für die Pilger kamen Stallungen und Herbergen hinzu. Die Wallfahrt florierte, bis 1811 der neue Landesherr, der König von Württemberg dem Ganzen ein Ende machte. Hinweg mit dem katholischen Aberglauben. Die Kirchenschätze wurden in alle Winde zerstreut, das Gebäude zum Abbruch frei gegeben. Zum Glück gab es in der Umgebung in der Gegend sowieso genügend Steine, und so blieben die Mauern größtenteils noch erhalten. Königliches Dekret hin oder her, die Menschen ließen sich nicht davon abhalten, zu ihrer Muttergottes zu pilgern und um Hilfe zu bitten. Es kamen so viele, dass der Stadtpfarrer um 1905 am Fuß des ehemaligen Turmes eine offene Kapelle errichten ließ. Und dort zeugen viele Votivtafeln davon, warum der Ort immer noch besucht wird: „Maria hat geholfen".

TIPP

Das Gnadenbild befindet sich mittlerweile in der Mühlheimer Pfarrkirche auf dem rechten Seitenaltar.

● Kirche Mariahilf, Katholisches Pfarramt, Ettenbergstraße 4, 78570 Mühlheim a. d. D, Tel. (0 74 63)3 54, 78570 Mühlheim an der Donau
www.se-donau-heuberg.de/muehlheim

Das Lädle

55 Heikes Geschäft in Öschingen

Was hat der Schwabe mit dem Griechen und dem Bayern gemeinsam? Alle lieben das Diminutiv, die Verkleinerung, zum Beispiel das Schätzle, das Häusle, das Spätzle … und das Lädle. Letzteres steht in Gomadingen und ist so schwäbisch, wie es nicht schwäbischer sein könnte. Nicht nur dem Namen nach, sondern auch in dem, was hier verkauft wird: Altes, das neu aufgewertet wird. Upcycling auf Neudeutsch. Auf schwäbisch: aus altem Kruscht was Neues schaffe. Schon von außen ist das Lädle eine Augenweide, eine Entdeckungsreise. Da stehen bepflanzte Schuhe, nicht neu die Idee, aber hier aufs Wunderschönste umgesetzt, aus einer Damenhandtasche quillt eine Fetthenne heraus und in einer Riesentasse mit Herz stecken Messer, Gabel und Schneebesen im Pflanzenarrangement. Überhaupt geht einem hier das Herz auf angesichts der Hülle und Fülle von Herzideen. Heikes Mann teilt ihre Leidenschaft und sägt Herzen in alte Fensterläden, wobei die ausgesägten Herzen natürlich auch wieder ihre dekorative Verwendung finden. Heike ist die Kreative, ihr Mann der Praktische, der gerne sägt und schmiedet. Nicht nur die Ziergegenstände aus alten Gebrauchssachen sind bei ihr zu finden, sondern auch viel Selbstgenähtes wie Wichtel oder Knistertierchen (doppelt genähter Stoff, der innen mit einer Knisterfolie vernäht ist) als Elefant, Lama oder Wal für Babys, die bisher der Renner sind, oder süße Tiere mit Kirschkernen oder Dinkelkernen als Wärmekissen und viel Wunderbares mehr. Heike liebt ihr Lädle mit Leidenschaft, und Menschen, die das lieben, was sie tun, tun immer gut, vor allem anderen. Heikes Leidenschaft hat einmal auf dem Weihnachtsmarkt in Gomadingen begonnen: Dort durfte sie ihre köstlichen Crêpes, die auf der Zunge zergehen und himmlisch duften, nur verkaufen, wenn sie auch Selbstgebasteltes anbot. Und so wurde aus Heike, der Crêpesbäckerin Heike, die Bastlerin. Welch schöne Wendung!

- Heikes Lädle, Stöffelbergstraße 1, 72116 Mössingen-Öschingen
- ÖPNV: Bus 151, Haltestelle Hechinger Straße (ca. 20 Minuten Fußweg)

Einfach atemberaubend

56 Das Miedermuseum in Heubach

Allein das Schlösschen, in dem das Miedermuseum in Heubach untergebracht ist, lohnt den Besuch. Man parkt auf dem Marktplatz, geht dort im Schloss die alte Stiege mit den unregelmäßigen, knarrenden Stufen ins Museum hinauf. Oben angekommen, kann man im ersten Stockwerk lernen und sehen und die Geschichte des Drunter in Heubach erleben. Diese fing im 19. Jahrhundert an, als den Hauswebern ihr Einkommen über die Weberei – alleine von der Landwirtschaft konnten sie nicht leben – wegbrach. Denn von nun an produzierten mechanische Web-stühle zu günstigeren Preisen die jetzt modernen Baumwollgewebe, genauer genommen, sündige Unterwäsche: die aufgekommenen Korsetts. Steht man vor den Vitrinen mit den Korsetts, sieht man förmlich vor sich, wie er Öse um Öse die Schnürung öffnet … So spezialisierte man sich also damals im Schwabenland auf die neue Form der Wäsche. Die Korsetts sollten einen Taillenumfang von 40 bis höchstens 55 Zentimeter formen wie bei Kaiserin Sissi, die ja berühmt für ihre schmale Taille war! Mitte des nächsten Jahrhunderts sollte dann eine weitere Mode folgen: der Büstenhalter mit einem rund gesteppten Körbchen, denn nun war die schmale Taille out und der spitze Busen in. In den 1950ern waren diese Bullet Bras genannten Büstenhalter der letzte Schrei. Im zweiten Stock ist dann Fühlen und Tasten angesagt. In einer Umkleidekabine erfährt man hautnah, wie sich Baumwolldrell, Kunstseide, Perlon oder Microfaser anfühlen, denn dort dürfen ausgewählte Wäschestücke angefasst werden. Stoffe, bei denen es einem schon beim Anfassen graust. Und ob der eigene Taillenumfang den Vorgaben entspricht, lässt sich mit einem Maßband prüfen. In diesem Museum geht es um mehr als Wäsche, es geht um Schönheit, um Begehren, kurz und gut: um das Weibliche an sich. Aber: „Vive la liberté!" hieß es doch während der französischen Revolution, die dann das strenge Korsett hinweggefegt hat.

TIPP

Beim Goldenen Hirsch in Heubach einkehren. Schmale Taille hin oder her!

● Miedermuseum Heubach, Schlossstraße 9, 73540 Heubach, Tel. (07173) 1810
www.heubach.de

● ÖPNV: Bus 3, Haltestelle Marktplatz

Sagen im Schloss

57 Das Gustav-Schwab-Museum in Gomaringen

Was waren das für Abenteuer! In den Sagen des klassischen Altertums ging es viel um Liebe und Intrige, manchmal auch um Mord und Totschlag. Odysseus, gütiger Himmel, was der nicht alles erlebt hatte. Nach diversen Abenteuern saß er auf der rauen, mit Wäldern bedeckten, einsamen Insel Ogygia fest, auf der ihn eine hohe Nymphe, die Göttin Kalypso, Tochter des Atlas, in ihrer Grotte gefangen hielt, weil sie ihn zum Gemahl begehrte. Er aber blieb der zurückgelassenen Gattin, der edlen Penelope, treu. Angeblich. Bei anderen Reisen ist der heldenhafte Odysseus Einäugigen in einer Höhle oder verführerischen Sirenen begegnet, denen er widerstehen musste, und ließ sich deshalb ans Schiff binden. All diese wilden Zeiten des Odysseus wurden von Gustav Schwab aufgeschrieben, einem schwäbischen Pfarrer und Gymnasiallehrer. Biederer geht es ja eigentlich nicht! „Seine" Sagen der griechischen und römischen Antike, 1838 bis 1840 erschienen, wurden Bestseller, erzählt in flüssigem Stil, erotische Passagen wurden abgeschwächt, blieben aber erhalten. Wissenschaftler haben herausgefunden, dass die Lektüre eines Buches das Gehirn für immer (!) verändert. Ist es nicht so, dass Leser, die in diesen Sagen (wie auch von Karl May) immer ein bisschen das Abenteuer suchen, nie so ganz wirklich angepasste Stubenhocker werden? Die Dauerausstellung zu Gustav Schwab befindet sich im malerischen Fachwerkschloss von Gomaringen, wo er von 1837 bis 1841 lebte und arbeitete. Das Schloss sieht nicht aus wie ein typisches Schloss, sondern eher wie ein großes Fachwerkhaus im Stil eines Schlosses. Mit seinem pittoresken Fachwerk und seinen blauen Fensterläden ist es eine wahre Augenweide. Im lauschigen Innenhof laden Hochzeitspaare auch gerne zum Sektempfang ein, weil das romantische Gemäuer gerne für den Tag der Tage gebucht wird. Ein Ort zum Schwelgen in Erinnerungen, nicht nur an griechische Sagen, sondern auch an Ritterromantik und für manche ans Hochzeitsglück.

● Gustav-Schwab-Museum, Im Schlosshof 1, 72810 Gomaringen, Tel. (07 07 2) 91 21 20, www.schlossmuseum-gomaringen.de
● ÖPNV: Bus 7625, Haltestelle Rathaus

MUSEUM
1. Stock
AUSSTELLUNG

Charmante Zeitreise

58 Ins Café Margrit in Schwäbisch Gmünd

Alleine schon der Name, so vintage. Rote Markise vor dem Haus, bunte Sonnenschirme, Neonleuchtreklame in Schreibschrift, innen tannengrüne Plüschsessel, Stofftischdecken mit rotem Tischläufer, Grünpflanzen in kupfernen Übertöpfen, Perserteppiche und Zuckerstreuer auf dem Tisch. Kleine chinesische Cocktailschirmchen im Kaltgetränk mit Sahnehaube obenauf. Drinks mit klassischen Namen aus den 1950er-Jahren: Tropicana (Orange), Mambo (Johannisbeere), Waikiki (Ananas). Waikiki – das erinnert an die Jahre von Elvis auf Hawaii. Und an Magnum im Hawaiihemd mit der Ananas. Natürlich gibt es auch einen Toast Hawaii hier, auch er ein Relikt aus den 1950er-Jahren, denn er wurde 1955 von dem Fernsehkoch Clemens Wilmenrod erstmals im Fernsehen präsentiert. Oder man trinkt hier den Multivitamindrink Florida, benannt nach einem längst vergessenen Paradies: dem der Hippies in den 1970ern. Auch der Neue Wein und Zwiebelkuchen, Rhabarberkuchen oder Zwetschenkuchen sind Köstlichkeiten, bei denen man auch in nostalgischen Erinnerungen an früher schwelgt. Das Haus wurde im Jahr 1370 erbaut und als Kramerzunfthaus genutzt. Insgesamt 42 Berufe waren einst in dieser Zunft organisiert, vom Apotheker bis zum Zuckerbäcker; eine der angesehensten Zünfte überhaupt. Im frühen 19. Jahrhundert wurde das Haus dann in seine heutige Form umgebaut. Lange Zeit waren dann eine Bank und eine Buchhandlung untergebracht, ein Mode- und ein Aussteuergeschäft, ein Radio- und ein Elektrohandel, bis es 1958 zu dem wurde, was es heut ist: ein Café, geführt von Italienern, die mit den ersten Gastarbeitern in den 1960er-Jahren gekommen waren. 1974 wurde dann auf der neuen Fußgängerzone die erste Außenterrasse eingerichtet und brachte mediterranes Flair nach Schwäbisch Gmünd. Heute wird das Café schon in dritter Familiengeneration geführt. Sosehr das Margrit auch aus der Zeit gefallen zu sein scheint, eines ist durchaus aktuell: Es gibt laktosefreie Milch! Nicht selbstverständlich. Das Margrit ist ein Traum für Leute, die köstliche Torten mögen, sehr guten Kaffee und ein plüschig-gemütliches Ambiente. Ein Haus für Nostalgiker.

- Café Margrit, Johannisplatz 10, 73525 Schwäbisch Gmünd, Tel. (07 17) 3 05 36 www.cafe-margrit.de
- ÖPNV: Bus 6, Haltestelle Marktplatz

Überraschungsschloss

59

Das Schloss Hohentübingen

Es sind die kleinen Entdeckungen am Rande, die so schön sind. Eine wie diese unscheinbare Tafel im Hof des Schlosses von Tübingen. Denn hier begann die Entdeckung der DNS oder DNA, der Desoxyribonukleinsäure. Jeder kennt sie, jeder weiß, dass es sie gibt. Aber wer hat sie erstmalig entdeckt? Kaum einer kennt den Namen vom Schweizer Biochemiker Friedrich Miescher. Seine Entdeckung, die DNA als Erbsubstanz und Molekül des Lebens, aber schon. Hinter den dicken Mauern des Schlosses von Tübingen hat er in der zum Labor umgebauten Schlossküche 1869 zum ersten Mal das Erbmolekül isoliert. Heute erinnert an dieser Stelle ein kleines Museum an den Chemiker. Doch nicht nur damit kann das wunderschöne Schloss, umgeben von Grün, aufwarten. Im Museum „Alte Kulturen" sind Exponate aus gleich sieben archäologischen und kulturwissenschaftlichen Sammlungen der Universität Tübingen zu sehen. Darunter befinden sich der berühmte Tübinger Waffenläufer und eine altägyptische Opferkammer sowie Kunstwerke aus der Eiszeit – die ältesten Kunstwerke der Menschheit. Zu denken gibt die Venus vom Galgenberg, mit ihrem Alter (35.000–40.000 Jahre) eine der ältesten Darstellungen des menschlichen Körpers. Die Venus – also der Inbegriff der weiblichen Schönheit – war großbrüstig, breithüftig und von selbstbewusster Weiblichkeit! Aber am meisten ins Staunen – und Schmunzeln – kommt man angesichts des riesigen Weinfasses, das hier steht: Es fasst 47 Fuder oder 286 württembergische „Eimer" – das sind umgerechnet etwa 84.000 Liter! Wer sollte die denn trinken, fragt man sich. Das fragten sich schon Reisende anderer Zeiten, denn schon in der frühen Neuzeit wurde es in Reisebeschreibungen und Chroniken über Tübingen als Sehenswürdigkeit empfohlen. Warum nur gab es so ein riesiges Fass? Man vermutet heute: Es war zum Angeben da. Um zu zeigen, wir sind reich hier in Tübingen. Gell, der Mensch bleibt halt immer gleich. Und weil sich die heutigen Tübinger auch nicht lumpen lassen, haben sie das Fass im Guinnessbuch der Rekorde als größtes Fass der Welt eintragen lassen.

TIPP

Außerhalb des Schlosses steht das sogenannte „Bohnenberger-Observatorium", gebaut für die Landvermessung.

- Schloss Hohentübingen, Burgsteige 11, 72070 Tübingen, Tel. (07 07 1) 2 97 73 84
www.tuebingen.de
- ÖPNV: ab Bahnhof Tübingen ca. 30 Minuten Fußweg

Immer noch geheimnisvoll

60 Die Belsener Kapelle in Mössingen

Er ist wohl der Allerletzte, von dem man diese Erkenntnis erwartet hätte: Albert Einstein, der gesagt hatte: „Das Schönste, was wir erleben können, ist das Geheimnisvolle". Ein solches Geheimnis rankt sich um die Belsener Kapelle in Mössingen, erbaut zwischen 1140 und 1150. Da noch Holz aus der Bauzeit vorhanden war, konnte der Bau genau datiert werden. Über dem Eingangsportal befinden sich rätselhafte Darstellungen, die bis heute noch nicht eindeutig entschlüsselt werden konnten. Es gibt verschiedene Theorien, vieles deutet darauf hin, dass die Kirche einen Kalender darstellt. Nach einer alten Legende fiel früher jedes Jahr am 21. März und am 23. September das Licht der aufgehenden Sonne durch das Sonnenloch genau in den inneren Türbogen oberhalb des Eingangsportals und bildete dort ein Kreuz. Heute ist das Sonnenloch zugebaut, sodass das Lichtphänomen nicht mehr überprüft werden kann. Was man über dem großen Rundbogenportal noch sieht, ist Zirkelschlag, Kreis und Zickzackmuster in Verbindung mit einem Kreuz im Türbogen. Darüber das Relief einer menschlichen Figur zwischen zwei Schweins- oder Widderköpfen und einem Stierkopf. Geheimnisvolles, Heidnisches wurde der Kapelle zugeschrieben, und so fühlt es sich auch mysteriös an, wenn man vor ihr steht. Wurde hier der Gott Baal heraufbeschworen, der oberste Gott des örtlichen Pantheons, meist ein Berg-, Wetter- und Fruchtbarkeitsgott? Hatten die Kelten hier eine Opferstätte? Immerhin weisen die Stierdarstellungen auf Einflüsse des keltischen Heidentums hin. Wiederum andere vermuten hier ein germanisches Heiligtum, die Kapelle sei ein Tempel der XXII. römischen Legion gewesen, den man später in eine christliche Kirche umgestaltet habe. Von diesen Vermutungen ist nicht viel übriggeblieben. Eines ist sicher: Es macht Spaß, so seine eigenen Vermutungen zu diesem mystischen Gotteshaus anzustellen. Und schön gelegen ist es mit Sicherheit.

TIPP

In der Kapelle führen Stufen zu den Resten eines Vorgängerbaus, wo Skelette gefunden wurden.

- Belsener Kapelle, Max-Duncker-Weg, 72116 Mössingen
- ÖPNV: Bus 154, Haltestelle Dreifürstensteinstraße

Wünsch dir was

61 Der Wunschbaum in Bad Urach-Seeburg

Das ist einfach nur Freude. Schon auf dem Weg zum Burgberg, der eher ein Burghügel ist, freut man sich über ein dekorativ aufgestelltes Glasfenster an einer Hauswand das da verkündet: „Dieses Haus ist sauber genug, um gesund zu sein und schmutzig genug, um glücklich zu sein". Noch mit einem Schmunzeln auf dem Gesicht entdeckt man gleich die nächste Überraschung: Einen großen alten Ast eines alten Apfelbaumes, an dem unzählig bunte Bänder flattern. Daneben steht geschrieben, man könne aus der Tüte neben dem Baum ein Band nehmen, es an den Ast knüpfen und sich dabei etwas wünschen. Und schon wieder gehen die Mundwinkel weiter nach oben. Weiter geht es vorbei an alten Tuffsteinen, gerettet aus einem Abrisshaus, wie die Initiatorin des Wunschbaumes erklärt. Weiter geht es durch ein Tor, das nur einem Zweck dient, die Merinoschafe, Bergschafe, Afrikanischen Burenziegen, die deutschen Edelziegen und die Sahneziegen in ihrem mit Wacholder bewachsenen Bergareal zu halten. Oben weiten sich der Ausblick und die Seele: Bad Urach liegt einem zu Füßen. Zurück beim Wunschbaum lohnt sich ein Schwatz mit Angela Steidle, der Schöpferin von Baum und Gestalterin des Hauses. „Selbst ist die Frau" ist ihr Motto beim Restaurieren des ehemaligen Taglöhnerhauses, in dem sie zwei Zimmer vermietet: „Barack Obama" und „Marie's Stüble". Eine Wohlfühloase sondergleichen, mit vielen liebevollen Details wie einer Zierleiste aus Besteck in der Küche. Eine Künstlerherberge ist es, denn zu den zwei Gästezimmern und der gemeinsamen Wohnstube kommt noch eine Scheunengalerie hinzu. Angelas Gäste sind begeistert, einer brachte es auf den Punkt: „Sie leben hier im Paradies." Angela Steidle ist in ihrem Leben weit herumgekommen, hat unter anderem in Namibia gelebt. So ist sie auch auf die Idee mit dem Wunschbaum gekommen, denn solche Bäume sind in vielen Kulturen verankert. Sie meint: „Lange vor unserer Zeit glaubten die Menschen daran, dass Wunschbäume als verwandelte Seelen Fürsprache für uns halten."

TIPP

Um Seeburg führt eine Wanderung durch die kühle, romantische Trailfinger Felsenschlucht. Der Naturpfad Sinneswandel im Badwäldle von Bad Boll.

- BURGZWEI, Künstlerpension & Galerie, Burgberg 2, 72574 Bad Urach-Seeburg, Tel. (01577) 040 24 54, www.burgzwei.de
- ÖPNV: Regiobuslinie X2, Haltestelle Seeburg, (ca. 10 Minuten Fußweg)

Ein Märchenschloss

62

Schloss Lichtenstein

Dem Grafen von Urach war Wilhelm Hauffs Roman „Lichtenstein" Vorbild für ein Schloss, das ebenso wenig ein Schloss ist wie Neuschwanstein, das Schloss des bayerischen Königs Ludwig II., denn Schlösser stehen nie auf einem Felsen. Beide Bauten sind blütenweiß, stehen hochaufragend auf einem steilen Felsen und wirken seltsam weltentrückt. Man könnte glauben, dass der Erbauer von Schloss Lichtenstein sich auch von dem noch berühmteren Neuschwanstein hatte inspirieren lassen. Es war gerade umgekehrt, denn Neuschwanstein wurde erst ab 1869 erbaut, Schloss Lichtenstein schon 1842. Aber dennoch wird Schloss Lichtenstein das schwäbische Neuschwanstein genannt. Es gibt das Gerücht bei Einheimischen, dass die kleine Sisi im Schlosshof von Lichtenstein einst ihr eigenes Spielhäuschen hatte. Wie sein oberbayerisches Pendant ist auch Schloss Lichtenstein zu allen Jahreszeiten atemberaubend schön. Das zu seinerzeit dort befindliche Forsthaus wurde 1837 von Wilhelm Graf von Württemberg, späterer Herzog von Urach, erbaut. Er war ein leidenschaftlicher Sammler von Waffen, Rüstungen und Gemälden und benötigte einen Aufbewahrungsort für seine Kunstgegenstände. Dafür wünschte er sich eine möglichst authentische Ritterburg. Kurios, an der Decke in der Trinkstube hängt ein Trinkglas, so lang, dass es drei Männer dafür braucht: einen, der es hält, einen zweiten, der daraus trinkt, und einen dritten, der ihn beim Umfallen hält. Das neugotische Lichtenstein ist eine der ersten Schlossanlagen in Südwestdeutschland, die man aufgrund ihrer Einbettung als Bühnenbild-Staffage in die Alblandschaft und ihrer qualitätsvollen Architektur und Innenausstattung zu den großartigsten Schöpfungen des romantischen Historismus in Deutschland zählt. Hier wurde 2009 der Märchenfilm Dornröschen gedreht. Welch anderes Schloss hätte sich so wie Lichtenstein für ein verzaubertes, von einer Dornenhecke überwuchertes Schloss geeignet?

TIPP

Unbedingt zum Denkmal von Hauff und dem des Herzogs von Urach mit den vielen Ammoniten gehen!

- Schloss Lichtenstein, Schloss Lichtenstein 1, 72805 Lichtenstein, Tel. (07 12 9) 41 02 www.schloss-lichtenstein.de
- ÖPNV: Bus 7606, Haltestelle Lichtenstein-Honau (ca. 15 Minuten Fußweg)

Unter Napoleons Baum

63

Die Neckarinsel in Tübingen

Fantastisch! Mitten in Tübingen liegt eine Insel, wie sie romantischer nicht sein könnte. Über die Neckarinsel führt wie ein gemalter Traum eines Impressionisten eine Platanenallee, um die sich eine Legende rankt: Sie soll vom 1824 verstorbenen letzten Scharfrichter der Stadt gepflanzt worden sein. Doch die historische Wahrheit ist – wie immer – ein klein wenig banaler: Eine dendrochronologische Untersuchung zum Alter der Platanen hatte im Jahr 2013 ergeben, dass die Bäume im Jahre 1828 gepflanzt worden waren, vier Jahre nach dem Tod des Scharfrichters. Die Platanenalleen gehen ursprünglich auf Napoleon zurück, der seinen Soldaten Schatten spenden wollte. Noch ein Baum auf der Insel wurde zu Ehren des kleinen Korsen gepflanzt: die Trauerweide, die sich pittoresk über den Neckar beugt. Napoleon liebte diese Bäume und hatte sogar einen auf St. Helena, unter der er saß und sich nach glücklicheren Zeiten zurücksehnte. Bei einem gemütlichen Spaziergang zum westlichen Bereich der Insel kann man zwischen Silcher-Denkmal und der Alleenbrücke durch das sogenannte Seufzerwäldchen schlendern, das von geschwungenen Waldwegen durchzogen ist. Liebespaare sollen sich hier früher heimlich getroffen haben. Aber warum nicht auch heute noch mit dem oder der Liebsten ein paar schöne Stunden auf einer Bank hier verbringen? Mitten in diesem verwunschenen Wäldchen steht auf dem Gedenkstein der Ottilie Wildermuth: „Gewidmet von deutschen Frauen 1887“. Die Absicht der Schriftstellerin war in ihrem Buch „Schwäbische Pfarrhäuser“ „Bilder des wirklichen Lebens darzustellen, zu zeigen, wie reich und mannigfaltig auch das alleralltäglichste Leben in seinen verschiedenen Erscheinungen ist, wie viele erfreuliche, ergötzliche und poetische Seiten jede Zeit und jeder Lebenskreis biete“. Und ist es nicht so? Das Alltägliche ist einfach wunderbar! Man muss nur genauer hinschauen und die kleinen Freuden des Lebens entdecken. Auf der grünen Neckarinsel kann man das besonders gut. Man muss nur hinschauen und man findet Erstaunliches.

● Neckarinsel, Wöhrdstraße 11, 72072 Tübingen
www.tuebingen.de

● ÖPNV: ab Hauptbahnhof Tübingen ca. 15 Minuten Fußweg

Knusper, knusper …

64 Märchenwald und Walderlebnispfad „Tännli“

Was kann man nicht alles erleben in dieser wunderschönen Waldlandschaft im Märchenwald und Walderlebnispfad „Tännli“! Die Großen und Kleinen können hier gleichermaßen entdecken, klettern, lauschen, staunen und lernen, forschen, sich bewegen und Abenteuer erleben. Die Kinder können im Märchenland in die Welt der Märchen „Dornröschen“, „Hänsel und Gretel“ sowie „Rotkäppchen“ eintauchen. Ein Pfad symbolisiert Hänsel und Gretel, hier irren die Kleinen und Großen eine Weile mit Spaß durch den Wald, bevor sie das Hexenhäuschen finden, wo sie sich ausruhen und in der Umgebung ein paar „Edelsteine“ als Andenken für zu Hause suchen können. Ende gut, alles gut. Dornröschen wiederum schläft verzauberte hundert Jahre. Eine Zeit, in der sie vom Kind zur Frau reift, hier im Wald auf dem Weg mit Hüpfsteinen, Seilbrücke und Weidentunnel dargestellt. Am Ende wartet ein von Rosen umranktes Schloss, in dem Dornröschen ihren Prinzen küsst. Psychologen sagen, dass Märchen und Geschichten eine Schatztruhe fürs Leben sind. Eine eigene farbenfrohe Bilderwelt aus Fantasie und Kreativität, aus dem ein Mensch sein Leben lang Trost schöpfen und einen Kompass finden kann, wenn es mal schwierig wird. Märchen haben immer ein Happy End, aber zuvor müssen Hindernisse überwunden und Widrigkeiten gemeistert werden, um dann Vertrauen ins Leben zu gewinnen, sich ihnen mit Mut zu stellen und mit Beharrlichkeit seinen Weg zu gehen. Schon eine Viertelstunde Märchen täglich hat positive Auswirkungen, so heißt es. Bereichernde Erkenntnisse liefern auch die verschiedenen Stationen auf dem Walderlebnispfad, der am Märchenwald vorbeiführt, wo die Baumscheibe eines alten Baumes in die Vergangenheit blicken lässt, ein uralter Kreuzstein seine Geschichte erzählt. An einer Station steht man und staunt über unglaubliche Tierrekorde und erfährt sogar, wann der erste Weihnachtsbaum geschmückt wurde. Eine unvergleichlich märchenhafte Anlage!

TIPP

Besonders der Herbst taucht das Naturdenkmal Teufelskanzel bei Gschwend in einen traumhaften Farbzauber.

- Märchenwald und Walderlebnispfad „Tännli“, Mühlackerle am Badsee, 74417 Gschwend, www.gschwend.de
- ÖPNV: Bus 63, Haltestelle Badsee

Maria im Goldumhang

65 Tropfsteinhöhle Goldloch bei Lichtenstein-Unterhausen

Man muss nicht stundenlang in die Ferne fliegen, um ein Abenteuer zu erleben. Denn das kann man auch auf der Schwäbischen Alb. Was gäbe es auch Schöneres, als eine ziemlich unbekannte schimmernde Höhle zu erkunden: mit rutschfesten Schuhen an den Füßen und einer Taschenlampe in der Hand. Eine Höhle, die auch noch einen so bezaubernden Namen hat: Goldloch. Sein Ursprung verliert sich in der Geschichte: Die einen sagen, der Name gehe auf einen nicht näher beschriebenen größeren Goldmünzenfund zurück. Immerhin hat man anno 1778 einige Hundert Münzen in der Höhle gefunden! Wer sagt, dass da nicht noch mehr zu holen ist? Die anderen sehen den Ursprung des Namens in der goldgelben Farbe der Madonna mit Kind im hinteren Teil der Höhle. Denn der goldfarbene Überzug der Statue bzw. des Stalagmiten, der vom Eisenocker herrührt, muss einst im Lichte der Fackelbeleuchtung noch intensiver geleuchtet haben als in dem der heutigen Taschenlampe. Der Überlieferung nach soll man zu Reichtum kommen, wenn man den Fuß der Madonna küsst. Dem steht aber der „Wächter" vor, eine weitere Tropfsteinformation in der Höhle, denn der passt symbolisch auf, dass man das nicht tut. Denn die so wunderbaren Stalagmiten und Stalaktiten sollen zum Schutz der Formationen nur eine Freude für die Augen sein und bleiben. Man kann aufrecht in die Höhle hineingehen, sie ist ca. 5 Meter hoch und hat einen Durchmesser von 10 bis 15 Metern in der Breite. Geradezu magisch ist es hier drinnen, wenn abends das warme Licht der tiefstehenden Sonne durch den Eingang in die Höhle fällt – ein wunderbares Sonnenuntergangserlebnis. Ursprünglich konnte man nur durch eine Spalte von oben in die Höhle einsteigen. Sie ist heute neben dem Eingang noch sichtbar. Der heutige Höhleneingang soll nach dem Ersten Weltkrieg entstanden sein. Im Winterhalbjahr von Oktober bis März sollte man zum Schutz überwinternder Tiere wie z.B. der Fledermäuse nicht hineingehen. Das Goldloch zählt zu den unerschlossenen Höhlen – hier wartet also ein kleines Abenteuer.

● Tropfsteinhöhle Goldloch, Wanderparkplatz Kalkofen in der Nähe der Schauhöhle Nebelhöhle, von hier aus dem HW1 bzw. HW5 in Richtung Gießstein folgen, nach knapp 200 Metern 30–40 Meter den Hang hinab direkt zum Eingang des Goldloches, das vom Weg aus nicht zu sehen und nicht ausgeschildert ist.

Gold und Silber

66 Das Forum Gold und Silber in Schwäbisch Gmünd

Schon der Ort am Zusammenfluss von Rems und Josefsbach ist symbolisch: Zwei Flüsse kommen zusammen und fließen gestärkt gemeinsam weiter. So, wie sich die beiden Flüsse hier vereinigen, vereinigten sich im Forum Gold und Silber zwei Materialien. Pünktlich zur Eröffnung der Landesgartenschau im April 2014 ist das Forum Gold und Silber eingeweiht worden. Was das Gebäude außen verspricht, erfüllt es im Inneren: Hier residiert der Edelmetallverband e. V. nebst Geschäften, Büro- und Praxisräumen, eingehüllt von einer mattierten, goldfarbenen Fassade, deren warmer Goldton je nach Sonnenstand und Standort des Betrachters in verschiedenen metallischen Goldnuancen changiert. Insgesamt 787 einzelne Bleche sind zu dreieckigen Flächen zusammengefügt, die an den Facettenschliff von Edelsteinen erinnern. Denn Schwäbisch Gmünd ist eine Gold- und Silberstadt; schon 1372 wurde der erste Goldschmied von Schwäbisch Gmünd urkundlich erwähnt. Im Jahr 1739 zählte die Stadt gar schon 250 Meister dieses Metiers. Die Stadt ist aber nicht nur mit Edelmaterialien, sondern auch mit der Kunst, dem Design und der Architektur eng verbunden. Die Wurzeln der hiesigen Hochschule für Gestaltung reichen ebenfalls weit zurück, bis ins Jahr 1776. Drei Elemente, die sich im Forum Gold und Silber zusammenschließen sollen. Im Gebäude weisen kleinere Fassadenöffnungen den Weg hinein, während es sich nach Westen zum Ufer der Rems und der Grünfläche großzügig öffnet. Hier lockt ein Café, und man findet einen Bezug zur Stadtgeschichte: Die wenigen Überreste der Zwingermauer, die zu einer spätmittelalterlichen Wehranlage gehören und mitten auf dem Grundstück stehen, sind in das Gebäude integriert. Obendrein kühlen die massiven alten Decken das Gebäude im Sommer und wärmen es im Winter. Wie wäre es mit einem ausgedehnten Frühstück im Café forum? Oder einem abendlichen Drink draußen auf der Terrasse bei Sonnenuntergang und Traumausblick?

TIPP

Das Bud-Spencer-Freibad wurde vom Leinwandhelden höchstpersönlich eingeweiht.

- Forum Gold und Silber, Ledergasse 54, 73525 Schwäbisch Gmünd, Tel. (07171) 1858560, www.forum-gd.de
- ÖPNV: Bus 1, Haltestelle Ledergasse

Europa in zwei Stunden

67

Das Osterei-Museum in Sonnenbühl

Schon das Museumsgebäude an sich ist ein Hingucker: Es ist das ehemalige Schulhaus von Sonnenbühl. Bei einem Rundgang durchs Osterei-Museum reist man einmal durch Ost- und Mitteleuropa. Es geht nach Russland, das zur Zarenzeit das Osterei mit den Eiern des Goldschmiedes Fabergé zum Luxusprodukt erhoben hatte. Eine weitere russische Spezialität sind die handbemalten Ikoneneier von Tatjana Hailfinger. Tatiana Smirnova hingegen bemalt die Eier mit „russischer Spitze“. Wer das Glück sucht, kann es vielleicht bei den mit Hufeisen beschlagenen Eiern aus Ungarn finden, denn diese sollen tatsächlich Glück bringen. Und dazu noch das weiße Ei mit einer blauen Pupille in dessen Mitte, das ein Auge darstellen soll. Das soll nämlich Unheil abwehren: In östlichen Ländern schreibt manch einer Menschen mit blauen Augen eine negative Energie zu. Um sich vor deren bösem Blick zu schützen, gibt es die Talismane mit blauen Augen, die die negative Energie in sich aufnehmen und so den bösen Blick entschärfen sollen. Von Ungarn, schwups, nur einen kleinen Schritt weiter geht es im Museum über Böhmen und Mähren nach Polen. Typisch sind hier die farbigen Scherenschnitte auf Eiern. Und wieder weiter geht es nach Deutschland: Zum Beispiel in Hessen und der Lausitz ist das alte Brauchtum des Eierverzierens noch lebendig und davon gibt es im Osterei-Museum wahre Raritäten. Und was ist das? Ein Ei mit Reißverschluss? Und da, ein Ei mit der Hohenzollernburg, ein Ei mit Kurbel, mit der man einen Pierrot zum Tanzen bringt, ein versteinertes ca. 80 Millionen altes Flugsaurier-Ei, ein Ei blinzelt einem aus seinen Eulenaugen an und, und, und … Nach der Ausstellung kam an sich die Zeit bis zur nächsten Museumsöffnung (es ist nur um Ostern herum geöffnet) mit der Lektüre des Romans, „Das Spiegelei danach“ vertreiben, von der Museumsinhaberin geschrieben und natürlich spielt die Geschichte im Osterei-Museum. Ein Museum, in dem man aus dem Staunen nicht mehr herauskommt.

TIPP

Und dann ins Café Möck mit Gruschtd und Glump Museum oder zum Kneipen in den Kurgarten.

● Osterei-Museum Sonnenbühl, Steigstraße 8, 72820 Sonnenbühl-Erpfingen, Tel. (07 12 8) 77 4, www.ostereimuseum.sonnenbuehl.de

● ÖPNV: Bus 7635, Haltestelle Sonnenbühl

Haus des Gastes
Ostereimuseum
Rathaus

Einfach wildromantisch

68 Der Fürstliche Park Inzigkofen

Fürstin Amalie Zephyrine von Hohenzollern-Sigmaringen (1760–1841) war es im Schloss von Sigmaringen zu langweilig. Also schuf sie sich außerhalb ihr eigenes Gartenparadies im Fürstlichen Park von Inzigkofen. Die Natur hatte den Park von Haus aus schon mit Felsen, Schluchten, Anhöhen, Uferauen und einem Fluss, der Donau, ausgestattet. Die Fürstin brauchte dann nur noch das Ganze zu ergänzen: mit Spazierwegen sowie Bäumen und Sträuchern – fertig war der wunderbare Park. In dem Vorderen Park, der bis 1829 nach dem Vorbild der französisch-napoleonischen Landschaftsgärten gestaltet war, beschränkte sich die Parkmöblierung auf ein Denkmal für den 1794 in der Französischen Revolution hingerichteten Lieblingsbruder der Fürstin und eine Schiffslände mit Fährverbindung zwischen den beiden Donauufern. Die nördlich des Flusses gelegene Partie ließ sie mit einer Eremitage, einer Einsiedelei – im 19. Jahrhundert der letzte Schrei in einem Park – ausstatten und mit einer Kapelle nebst hoch aufragendem Turm auf der höchsten Stelle als romantischem Blick- und Aussichtspunkt. Dazu ein Fürstenhäusle, das gerne für Picknicks genutzt wurde, modern geworden im Viktorianischen Zeitalter, als die britische Königin Victoria häufig im Freien speiste. In den 1840er-Jahren ließ Erbprinz Karl Anton, der Enkel von Amalie Zephyrine, weitere malerische Felsformationen und reizvolle Aussichtspunkte in dem zu Degernau abfallenden Hangwald einbauen. Steile Staffelwege, möblierte Grotten, die schon in den 1820er-Jahren zunächst als Holzsteg eingebaute „Teufelsbrücke" oder die „Himmelsleiter" zur tief zur Donau abfallenden „Höll" kamen nun hinzu. Mit seiner hochfürstlichen Erlaubnis wurde dann in der zweiten Hälfte des 19. Jahrhunderts „jedem ordentlichen Menschen das Lustwandeln in den hiesigen Anlagen gestattet". Spektakuläre Aussichten, faszinierende Bauten und einzigartige Naturkreationen nicht nur für den Adel, sondern auch fürs Volk!

- Fürstlicher Park Inzigkofen, Parkweg 4, 72514 Inzigkofen, Tel. (07571) 73070 www.inzigkofen.de
- ÖPNV: Bus 102, Haltestelle Römerstraße (ca. 10 Minuten Fußweg)

Farbenfroh und formenreich

69 Das DIVA in Gönningen

In den 1970er-Jahren, der Zeit der langen Haare und der Blumenkinder, da trug, wer etwas auf sich hielt, Batik. Unerlässlich in jedem gut sortierten Teenager-Kleiderschrank, das selbst gebatikte T-Shirt. Durch die eigene Herstellung der bunten Stoffe setzte man ein Zeichen gegen die Konformität der Zeit und die damalige Modeindustrie. Auch wenn die Batikmode immer mal wieder in der Versenkung verschwunden ist, so ganz vergessen wurde sie nie. Und im Jahr 2009 wurde die indonesische Batik durch die UNESCO sogar zum Weltkulturerbe erhoben. Im indonesischen Leben ist sie ständig präsent – sei es als Kleidung, Sarong-Wickeltuch, Babytragetuch, Wandbehang oder Schal. Ganz ursprünglich wurde indonesische Batik von Hand gemalt und enthielt viele religiöse und philosophische Symbole für Glück, Stärke, Gerechtigkeit, Reichtum und Macht. Sie wurde natürlich auch von der königlichen Familie getragen. Immerhin zählte die Kunst der Batik an den javanischen Höfen neben der Dichtung, dem mythologischen Drama, dem Schattenspiel, dem höfischen Tanz und der Gamelan-Musik zu den sechs hohen Künsten, die nur hohe Adlige ausüben durften. Bis heute hat sich neben der maschinellen Produktion die Stempelbatik erhalten. Und in dieser Technik entstehen ganz versteckt am Rande von Gönningen wahre Meisterwerke der Batik. Selbst entworfen von Angela Gauchert, vom Stempel bis zum Schnitt der Kleidungsstücke, wobei ihre Schnitte eher einfach und schlicht gehalten werden, damit die wunderbaren Muster und leuchtenden Farben besser zur Geltung kommen können. Man muss schon wissen, dass man hier in eine bunte Wunderwelt farbenfroher Kleider und ausgefallenen Schmucks eintauchen kann, so versteckt liegt das Geschäft, fast ein Geheimtipp. Angela Gauchert lebt alljährlich viele Monate auf Bali, wo sie die Muster und Kleider selbst entwirft, die man dort weitaus günstiger als in den Geschäften hierzulande kaufen kann. Dazu entwirft sie zusammen mit ihrem Lebensgefährten Gerd Pfister auch noch ausgefallenen Schmuck. Die DIVA – ein kleines Schatzkästchen.

● DIVA, Mühlwiesenstraße 44, 72770 Reutlingen-Gönningen, Tel. (07 07 2) 64 67
www.diva.sale
● ÖPNV: Bus 5, Haltestelle Seidelbaststraße

DIVA

Mystische Bootsfahrt

70

In der Wimsener Höhle

Nirgendwo in Deutschland gibt es eine Wasserhöhle, in die man mit dem Boot hineinfahren kann. 70 Meter geht es unter kundiger Führung in die Wimsener Höhle hinein. Zehn humorvolle Minuten lang sitzen zehn Personen auf einem Boot und ziehen beim Kommando „Achtung, Kopf einziehen" denselbigen ein, oft unter großem Gelächter. Selten hat Kopf einziehen so viel Spaß gemacht. Schon vor 3.000 Jahren lebten Menschen in dieser Höhle mit dem glasklaren schimmernden Wasser, wie Knochen- und Keramikfunde bezeugen. Damals war der Wasserstand tiefer und die Höhle trockenen Fußes begehbar. Dies bezeugen auch die Tropfsteine, die nämlich nur im Trockenen entstehen, aber hier in über zwei Meter Wassertiefe gefunden wurden. Die Temperaturen in der Höhle liegen immer bei konstanten 8 Grad, die Luftfeuchtigkeit bei 80 Grad. Da nur zehn Leute auf das einzige Boot passen, bleibt oft genug Wartezeit, um dem idyllischen Bachlauf bei der Höhle zu folgen. 1447 wurde die Kalkhöhle erstmals urkundlich erwähnt, die bereits 1910 teilweise vermessen wurde. Jedoch konnten erst ab 1959 weitere Erkundungen und Messungen vorgenommen werden. Von ihren 723 Metern Länge sind nicht einmal zehn Prozent für den normalen Besucher zugänglich, weil sich etwa 70 Meter hinter dem Eingang die Höhlendecke bis zur Wasserfläche hinuntersenkt. Den Rest der Höhle kann man nur mit Tauchausrüstung erkunden. Doch auch schon im Besucherboot sieht man, wie schön das Wasser mal smaragdgrün, mal türkis leuchtet und wie es über kleine Wasserschwellen fällt. Schließlich mündet es draußen in einen Stausee, der inmitten des kleinen Tals liegt. Dort liegen die alte Bannmühle aus dem 11. Jahrhundert und ein prächtig hergerichtetes Gasthaus. Kurioses Detail am Rande: Während der Wintermonate ist die mystische Höhle geschlossen, aber nicht leer. Denn dort lagern auf einem flachen Kahn Butterstollen der Firma BeckaBeck. Sie sollen dadurch ein besonderes Aroma erhalten und sehr zart werden. Ende Oktober wird der Stollen dann in einer feierlichen Zeremonie aus der Höhle ausgefahren.

TIPP

Eine Rast im Gasthof Friedrichshöhle mit leckeren schwäbischen Spezialitäten, alles in Bioqualität.

- Wimsener Höhle, Wimsen 1, 72534 Hayingen-Wimsen, Tel. (07 37 3) 91 52 60
www.tress-gastronomie.de
- ÖPNV: Bus 265, Haltestelle Wimsener Höhle

Über die Himmelsleiter

71 Das Haus auf der Alb in Bad Urach

Heute ist das alles recht normal: die Idee des Bauhauses. Und so wirkt das Haus auf der Alb in Bad Urach – heute ein Tagungszentrum – für viele auf den ersten Blick vollkommen unspektakulär. Und doch ist es ein traumhaft gelegenes Zeugnis der Bauhauskultur und der wechselvollen Geschichte des letzten Jahrhunderts obendrein. Denn die geraden klaren Formen des Hauses galten nicht nur zu Beginn der Weimarer Zeit alles andere als schön, solche schnörkellosen Formen hatten damals nur Zweckbauten. Auch wenn man mit dem Bau des Hauses auf der Alb neue Wege ohne gestalterische Schnörkel wie Erker oder Friese ging, so sollte es dennoch behaglich und wohnlich, sonnig und luftig, sparsam und einfach sein. Und das ist gelungen! Der Gästeflügel zum Beispiel wurde bewusst Richtung Sonne gedreht und alle Zimmer wurden ganz demokratisch gleich gestaltet, mit derselben schönen Blickachse ins Tal. Sonne und Ausblick für jedermann hieß die Devise! Nicht selbstverständlich in früheren Zeiten, als viele Mietshäuser auf einen dunklen Innenhof blickten, wo wenig Sonne zu sehen war. Das einzige Luxuriöse an dem Haus auf der Alb war ein Schwimmbad. Das liegt heute unter einem Rasen; allein die in den Boden gesteckten blauen Silhouetten von Schwimmern erinnern noch an das frühere Schwimmbad – eine Installation von Peter Barth „Badende" (2010). Im Haus gibt es eine für Besucher geöffnete Wendeltreppe, Orientierung verschafft ein 1927 entwickeltes Farbleitsystem – seinerzeit war so etwas geradezu revolutionär. Jeder Etage ist dabei eine der Farben Rot, Grün, Gelb und Blau zugeordnet. Zwei Wege führen von Bad Urach hinauf zum Haus auf der Alb: die kleine kurvige Straße Richtung Bleichstetten und eine schmale „Himmelsleiter", ein wunderbarer Fußweg. Dieser ist von 16 informativen Tafeln gesäumt, die die Geschichte des Hauses erzählen. Oben angekommen wird man dann mit einer noch heute „selten schönen Aussicht ins grüne Ermstal" belohnt und mit „vollständiger Ruhe und Bergabgeschlossenheit", wie es einst bei der Einweihung hieß.

● Haus auf der Alb, Hanner Steige 1, 72574 Bad Urach, Tel. (07 12 5) 15 20
www.hausaufderalb.de

● ÖPNV: Bus 100, 7640, 7645, Haltestelle Busbahnhof
(ca. 10 bis 20 Minuten Fußweg)

Olgas Hain & Eremiten

72

Der Naturpark Schönbuch bei Bebenhausen

Hinter dem Kloster Bebenhausen beginnt der Naturpark Schönbuch, ein seltsam wilder Wald, so weit das Auge reicht, der im Jahr 1972 in seinem Kerngebiet zum ersten Naturpark in Baden-Württemberg erklärt wurde. Nur wenig öffentliche Straßen führen durch den Schönbuch, dafür ist er durch viele Rad- und Wanderwege erschlossen. Der Park für Entdecker hat alles, was des Romantikers Herz begehrt: uralte dicke Bäume, bunte Tal- und Streuobstwiesen, Moorgebiete, Bäche, aufgegebene Weinberge, malerische Alleen und Wildgehege. Er war auch 2019 Drehort eines Dokudramas über den Querdenker Johannes Kepler, einem Pilger zwischen den Welten moderner Gedanken und dem alten Glauben an Hexen und Horoskope. Und in einen solchen Wald gehört natürlich auch ein Eremit, ein Einsiedler: Spaziert man durch das endlose Grün hin zum Bromberg, kann man die Überreste einer alten Kapelle entdecken, die 1974 freigelegt wurde. Und zwei Meter davon entfernt findet man Mauerreste eines zweiten Gebäudes aus dem 13. und 14. Jahrhundert mit Fundamentresten eines Kachelofens. Sein Dach war vermutlich mit den damals üblichen Hohlziegeln gedeckt. Bei Sicherungs- und Dokumentationsarbeiten stellte man auch fest, dass es sich um ein mindestens zweistöckiges Gebäude gehandelt haben muss. Wer hier wohl in der Einsamkeit gehaust hat? Es gibt aber noch einen zweiten, sehr faszinierenden Ort im Schönbuch: Den Olgahain am Kirnberg, eine bezaubernde, wildromantische Mischung aus Waldlandschaft und Parkanlage. Vom einstigen Olgahain sind mit Farnen und Moosen überzogene Sandsteinblöcke geblieben sowie eine malerische Treppe. Ein Landschaftsgarten, mit dem mittäglichen Spiel von Licht und Schatten. Wie sagte eine Besucherin? „Der Schönbuch ist wunderbar, der Olgahain am wunderbarsten."

● Naturpark Schönbuch, Im Schloss 4, 72074 Tübingen-Bebenhausen, Tel. (07 07 1) 6 02 62 62, www.naturpark-schoenbuch.de
● ÖPNV: Bus 826, 828, Haltestelle Waldhorn

Kino-Spaß mit Klassikern

73

Kultur-Kino-Kraft in Münsingen

Man kann sich vorstellen, welche Bedeutung es in Zeiten vor Fernseher, vor Video und vor dem Internet hatte: das Kino. Seit den 1930er-Jahren war das Kino für diverse Soldaten verschiedener Armeen des nahen Münsinger Truppenübungsplatzes der Anziehungspunkt schlechthin. Sonst gab es kaum Zerstreuungsmöglichkeiten für sie. Zeitweise diente das Kino der Bundeswehr auch als Kirchensaal für die übende Truppe, später als Lagerraum. Dann stand es lange leer, bis Hans-Jochen Kraft die alte Dame im Jahr 2017 wieder zum Leben erweckte, die Kinostühle von anno dazumal aus der Versenkung holte und im Kino aufstellte. Aus dem Vergessen geholt hat er auch die alten Kinohits, die er immer wieder montags zeigt. Zum Dahinschmelzen immer noch der alte Humphrey-Bogart-Klassiker „Casablanca": Ich schau dir in die Augen, Kleines. Oder auch sehenswert: „Der alte Mann und das Meer" aus dem Jahr 1958 nach dem Bestseller von Ernest Hemingway, laut der Los Angeles Times einer der „schönsten Filme aller Zeiten". Auch zu sehen: „Die Vögel" von Alfred Hitchcock, ein Film, der einen nie wieder ohne Gänsehaut einen Schwarm Krähen beobachten lässt. Herrlich spannend! Auch der Untergang der Wilhelm Gustloff in „Die Gustloff" war seinerzeit ein Kassenschlager. Aber auch heitere Filme sind natürlich im Programm wie die Heile-Welt-Komödie „Vater, Mutter und neun Kinder" von 1958 mit Heinz Erhardt, typisch für die Nachkriegsjahre. In einem solchen Kino darf natürlich auch ein Western nicht fehlen, und so wird auch „Der Schatz der Sierra Madre" von 1948 gezeigt. Hans-Jochen Kraft begrüßt seine Gäste bei jedem Film höchstpersönlich, führt in den Streifen ein und wünscht sich und dem Publikum viel Spaß. Und er spielt mal gerne einen alten Stummfilm mit Live-Klavierbegleitung. Eigentlich wollten die Krafts anfänglich nur einen Raum finden, in dem sie als Motorradhändler ihre heißen Öfen ausstellen konnten. Wie wunderbar, dass das ein anderes Abenteuer wurde …

- Kultur-Kino-Kraft, Hahnensteig 11, 72525 Münsingen, Tel. (01 63) 4 97 37 85
www.tonfilm-theater.de
- ÖPNV: ab Bahnhof Münsingen ca. 30 Minuten Fußweg

Truppen-
Tonfilm-Theater
Kino
Eingang hier

Begehbares Gemälde

74 Die Gönninger Seen

Sommers wie winters sind die Gönninger Seen einen Ausflug wert. Selbst wenn es neblig ist, denn dann ist es dort mystisch und geheimnisvoll. Und für jeden ist etwas dabei. Für Naturromantiker, für Wanderer, für Botaniker, für Historiker, für Geologen und für Liebhaber von Lost Places und Industriedenkmälern. Entstanden ist diese Idylle durch den Abbau von Naturtuffstein, der unter anderem in Gönningen für den Bau der Kirche St. Peter und Paul, des Rathauses und der ehemaligen Schule verwendet wurde, aber auch für den Bau des Stadions der Olympischen Spiele 1936 in Berlin. Als frühester Bau mit dem Gönninger Kalktuff gelten die Mauern, die im 11. Jahrhundert bei der Gönninger Burg der Herren von Stöffeln errichtet wurden. Als der Gönninger Abbaubetrieb 1975 aufgegeben wurde, erstreckten sich die Steinbrüche über ein Gebiet von etwa 20 Hektar. Das Forstamt Reutlingen renaturierte dieses Gebiet, und dabei wurden in den ehemaligen Steinbrüchen drei Seen angelegt. Ein herrliches Gebiet zum Herumstreifen und Entdecken: In einem See wachsen – wie ein Schild erzählt – Kandelaber- bzw. Armleuchteralgen, die ihren Namen ihrer Form verdanken. Um einen anderen See liegen im Sommer Freunde der Freikörperkultur, und wieder ein anderer ist einfach nur romantisch klein. Ein Wasserfall plätschert zwischen bemoosten Steinen, ein Bächlein windet sich durch das Gelände, an der Wand, an der noch Spuren des Tuffsteinabbaus zu sehen sind, versteckt sich in einer kleinen Höhle Blumenkohltuff. Oberhalb eines Felsens steht eine verlassene Mühle. Ein etwa fünf Kilometer langer Kalktuffwanderweg führt mit Hinweistafeln durch dieses wunderschöne Landschaftsgebiet, Start am Rathaus in Gönningen. Etwa 100 Meter entfernt gibt es an der Hauptstraße öffentliche Parkplätze. Der Lehrpfad ist kein Rundweg, die Infotafeln beginnen mit der Nummer 11, und an der Quelle der Wiesaz befindet sich die erste Tafel.

● Gönninger Seen, an der Talkehre zwischen Gönningen und Sonnenbühl-GenkingenRathaus, Stöfflerplatz 2, 72770 Reutlingen-Gönningen, Tel. (07 07 2) 70 26
● ÖPNV: Bus 5, Haltestelle Rathaus

COMME UN

Frage der Perspektive

75 Das Schaffwerk in Pfullingen

Nähern wir uns dem Schaffwerk zuerst aus etymologischer Sicht: Im Wort Schaffwerk ist das Wort „schaffen“ enthalten und kein Außerschwäbischer weiß, was das für einen Schwaben bedeutet. Die Schwaben sind für das Schaffen, also für das Arbeiten, geboren. Ohne Schaffen kann der homo schwabiensis nicht existieren. Das zweite Wort im Schaffwerk bestätigt dies: Hat ein Schwabe sein Werk, sein Wirken vollendet, dann hat es der homo schwabiensis geschafft. Nun zum Schaffwerk an sich: Dieses alte Anwesen verheißt schon von außen jede Menge Glück angesichts der vielen Hufeisen um das Haus herum. Doch die aus den Glücksbringern geschmiedeten Kunstobjekte sind nicht die einzige Überraschung im Schaffwerk am Ortsrand von Pfullingen. Was man hier sieht, ist das Lebenswerk von Peter Kramer, über den seine Tochter Sabine sagt: „Entweder er hat geschafft oder gefeiert“. Der gelernte Schlosser betrieb einst bei gutem Wanderwetter einen Kiosk im Pfullinger Schönbergturm. Peter Kramer hatte nicht nur Dinge aufbewahrt, die andere weggeworfen hätten, sondern sie – zu einer Zeit als Upcycling noch kein Begriff war – zu neuem Leben erweckt. Nach dem Motto: Es kommt darauf an, wie man die Dinge betrachtet und was man aus ihnen macht. Zum Beispiel die Metallkonstruktion „Eismann“, die aus aufeinander gestapelten Kugelgeflechten besteht und die im Winter mit Wasser übergossen zu Eis erstarrt. Heute kümmert sich Kramers Tochter um das Anwesen. Sie veranstaltet unter anderem „sagenhafte Vorstellungen“, bei denen sie in verschiedene Rollen schlüpft und die Leute durch Haus und Garten führt. Für sie soll es ein Ort sein, an dem sich die Dinge einmal ganz anders betrachten lassen, nicht nur die hier im Haus, sondern auch die im echten Leben. Bei Hausrundführungen kommen von selbst Fragen auf, welche Wertschätzung wir für Dinge haben. Wieder andere erkennen hier die Möglichkeit, nicht nach herkömmlichen Maßstäben funktionieren zu müssen. Eine befreiende Erkenntnis!

- Kulturbetrieb Schaffwerk, Gönninger Straße 112, 72793 Pfullingen, Tel. (01 72) 4 75 89 54 , www.das-schaffwerk.de
- ÖPNV: Bus 2, Haltestelle Jahnstraße (ca. 10 Minuten Fußweg)

Geschenkter Garten

76

Der historische Hängegarten von Neufra

Der weit gereiste Diplomat Georg II. Graf von Helfenstein hatte sich einst nicht lumpen lassen, als er seiner Gemahlin Apollonia einen Garten schenkte. Einen hängenden noch dazu. So weit die Legende. Tatsache aber war, dass das Schloss und die Kirche oberhalb des Gartens auf einem mit viel Moränekies und Wasser durchsetzten Berg standen und damit das Ganze instabil war. Der Hängegarten, gebaut auf einer gewaltigen Plattform mit 14 bis zu 9 Meter hohen, begehbaren Gewölben und großen Mauern, bewahrte also Gebäude und Hang vor dem Abrutschen. Die Bauarbeiten dauerten von 1569 bis 1573, kein langer Zeitraum angesichts der Größe des Werks. Was den Garten so speziell machte, war die Symbiose von Garten und Architektur. Doch die Architektur und die ursprüngliche Anlegung des Gartens verwilderte über die Jahrhunderte, bis sich ihm Waltraud Johannsen 1978 ehrenamtlich annahm und anhand einer kleinen Skizze aus dem Fürstlich Fürstenbergischen Archiv in den Jahren 1986 bis 1988 mit Unterstützung und im Auftrag des Landesdenkmalamtes und viel eigener Energie den Garten wieder in seinen ursprünglichen Zustand herstellte, wie man ihn heute erleben darf! Der Park ist sogar im Hauptbuch der Deutschen Gärten „Mein Garten ist mein Herz, eine Kulturgeschichte der Gärten in Deutschland“ beschrieben! Wer diesen Kraftort alleine oder in einer Gruppe länger genießen will, der kann sich hier in Deutschlands kleinstem Schlosshotel mit vier Zimmern einmieten. Schon der Zugang zu diesem wildromantischen Park zwischen Himmel und Erde ist so bildschön, denn er führt über eine verwunschen wirkende Stiege nach oben. Oben angekommen, öffnet sich der Blick auf diesen Garten und die Alb zu seinen Füßen. Renaissancegärten wie dieser sollten im 16. Jahrhundert Orte der Wiedererweckung der Antike sein und einen idyllischen, kultivierten Ort bilden. Das ist im Garten von Neufra gelungen. Chapeau! Von April bis Oktober kann man diesen wunderbar-duftenden Garten bestaunen und durch die schöne Gartenlandschaft flanieren.

TIPP

Unbedingt bei Frau Johanssen (im Park oder an der Tür klopfen) und um Besichtigung des Gewölbes bitten!

- Stiftung historischer Hängegarten, Schlossberg 12, 88499 Riedlingen-Neufra, Tel. (07 37 1) 57 00, www.haengegarten.de
- ÖPNV: Bus 393, Haltestelle Neufra Linde (ca. 5 Minuten Fußweg)

Faszinierendes Felsenmeer

77 Wanderung durch das Wental

Das Wental liegt gleich in mehreren Schutzgebieten: im Wental mit Seitentälern und Feldinsel Klösterle, im FFH-Gebiet Steinheimer Becken und im Vogelschutzgebiet Albuch. Und ein kleiner steinerner Zoo ist das Naturschutzgebiet auch noch, denn fantasievolle Menschen sehen in den freistehenden Felsengebilden aus Dolomit mal ein Nilpferd, eine Sphinx, einen Spitzbubenstadel, ein Wentalweible und auch einen Hirschfelsen. Entstanden ist diese einzigartige Naturlandschaft aus dem Flussbett des Wedel. Als das Jurameer abzog und die Alb vor etwa 150 Millionen Jahren zu verkarsten begann, hat sich dieser immer tiefer ins Gestein eingegraben, bis er irgendwann völlig versickerte. Zurück blieben das Wental und ebendiese seltsam geformten Dolomitfelsen: ein eindrucksvolles Zeugnis der Kraft des Wassers. Diese urigen und bizarren Felsformationen erstrecken sich über fast das gesamte Wental. Im Bereich des Felsenmeeres häufen sie sich aber, sodass der Eindruck einer wahren Meeresflut unterschiedlichster Felsformationen entsteht. An die dreißig massige Felsen und einstige Schwammriffe drängen sich hier aneinander; dazwischen liegen mehrere Grillstellen. Und überall diese Schönheiten, vor denen man sich bückt oder – sagen wir eher – verneigt, um sie genauer anzuschauen: Silberdisteln, Küchenschellen, Orchideen, Erika und Enzianarten! Durch diese Gegend führt eine interessante, sehr schöne und abwechslungsreiche Rundwanderung mit sehr vielen „Highlights“ am Wegesrand. Es beginnt bei einem Meer voller Felsen, dann verengt sich die Gegend und wird zum Tal, zum Wental, dann zum Gnannental und zum Hirschtal bis zum Hirschfelsen. Über die Rauhe Steige, über das herrliche Hochtal der Klösterleswiese, vorbei an Bibersohl geht es zurück zum Ausgangspunkt. Die Wanderung ist eine sehr schöne Runde, perfekt zum Wandern, Laufen, Radfahren und auch ideal für Familien mit Kindern, denn für sie sind all diese Felsen und die Schafe eine Wunderwelt, in der sie über eine Entdeckung nach der anderen staunen.

● Wental, Wanderparkplatz, Wental 1, 73566 Batholomä
● ÖPNV: Bus 1, Haltestelle Heubach-Marktplatz, weiter mit Bus 294, Haltestelle Bartholomä-Heubacher Straße, weiter mit Bus 295, Haltestelle Wental

Ein steiles Nest

78

Die Burgruine Reußenstein in Neidlingen

Wie schön waren doch die Geschichten von Rittern, Schlossfräuleins und Ritterburgen, die wir – hoffentlich! – in unserer Kindheit gelesen haben. Heute längst erwachsen – oder doch nicht? – wissen wir, das sind alles nur romantische Sagen. Aber die Sehnsucht nach so ein bisschen Ritterruinenherrlichkeit bleibt doch. Und siehe da, die Ruine Reußenstein in Neidlingen bietet all das: eine Geschichte von einem Fräulein, das Gemäuer liegt kühn auf einem Felssporn und ist verwunschen, verwinkelt, verträumt, wie eine Ritterburg nur sein kann. Die Geschichte der Burg: Der Riese vom Heimenstein war sagenhaft reich, aber single. Also baute er sich getreu dem Sprichwort „Willst du feiern ein Fest, musst du erst bauen Nest“ ebendieses Nest, was in seinem Fall ein Schloss war. Eines hoch oben auf einem ungeheuer steilen Felssporn. Fachleute mussten her, und der Riese rief vom Beurener Felsen mit dröhnender Stimme ins Tal hinab: „Ihr Menschenzwerglein, wer von euch arbeiten will, der soll zu mir heraufkommen und mir mein Schloss bauen helfen!“ Weil er gutes Gehalt versprach, kamen Maurer und Zimmerleute, Steinhauer und Schlosser zuhauf und machten sich an die Arbeit. Bald war das Schloss fertig, und es gefiel dem Riesen über die Maßen. Nur hoch oben im Turm fehlte noch ein Nagel. Keiner sollte seinen Lohn bekommen, bevor nicht dieser Nagel eingeschlagen war. Der Riese versprach demjenigen eine Belohnung, der sich da hinaufwagen sollte. Und siehe da, es meldete sich ein armer Schustergeselle, der in die Tochter seines Meisters verliebt war, sie aber wegen seiner Armut nicht bekam. Er dachte sich: „Entweder gelingt es dir, den Nagel einzuschlagen, dann bekommst du die Liebe deines Lebens. Oder du stürzt ab und dann ist dein Liebeskummer vorbei.“ Diese Einstellung gefiel dem Riesen so sehr, dass er den mutigen Mann mit seiner Riesenkraft am Genick packte, in Höhe des Turms hob, sodass dieser die Hände frei hatte und gut arbeiten konnte. Ende gut, alles gut: Hochzeit. Heute: Der Blick ins Tal fantastisch! Hier zeigt sich die Natur immer von ihrer stimmungsvollen Seite.

TIPP

Den Neidlinger Wasserfall besuchen oder die Höhle unterhalb der Ruine entdecken.

Burgruine Reußenstein, 73272 Neidlingen
www.reussenstein.de

Der schwäbische Olivenbaum

79 Das Naturreservat Beutenlay in Münsingen

Alte Bäume haben so viel Charakter! Und sicherlich so viel zu erzählen, wenn sie es nur könnten. Landschaften mit knorrigen, charakterstarken Menschen haben auch die Bäume, die zu diesen Menschen passen. Die Kreter haben ihren Olivenbaum, die Schwaben ihren Wacholderbaum. Beide Bäume sind sehr langsam wachsend, aber sehr langlebig, beide halten größte Trockenperioden aus, beide brauchen viel Licht und beide sind als immergrüner Baum ein Symbol der Lebenskraft. Beide trotzen Wind und Wetter, und aus beiden werden Flüssigkeiten gewonnen, die als ein Wundermittel der Natur gelten: aus dem Wacholderbaum der Gin, der der Legende nach Queen Mum ein 102-jähriges Leben bescherte, und aus dem Olivenbaum das Olivenöl, dem die Kreter ihr ebenfalls langes Leben verdanken sollen. Beider Grün wird für Kränze verwendet. Beide Bäume haben ein interessant gemasertes Wurzelholz. Aber genug der Vergleiche. Kommen wir zum schwäbischen Olivenbaum, dem Wacholder. Der wächst unter anderem auf dem Beutenlay am südlichen Stadtrand von Münsingen, eine der vielen unverkennbaren Weidekuppen der 700 bis 800 Meter hoch gelegenen Münsinger Kuppenalb, wo neben dem Wacholderbaum dreißig verschiedene Baumarten in einem Arboretum gedeihen. Der Beutenlay, der ca. 800 Meter hohe Hausberg von Münsingen, ist ein begehbarer Blick in die örtliche Vergangenheit, als die Felder noch nicht maschinengerecht aufgeteilt und begradigt waren. Als alles noch kleinteiliger und ungerader war, mit Wiesen, die nur einmal im Jahr gemäht wurden, Schafweiden Kalkmagerrasen, Waldrändern, Feldgehölzen und Hecken. Durch diese Landschaft windet sich ein Weg, genauer gesagt, ein sogenannter Premiumspazierwanderweg mit zahlreichen Aussichtspunkten, Sitzbänken und – das gibt es ja mittlerweile auch – sogenannte Himmelsbänke, um vom Alltag abzuschalten. Übrigens: Sebastian Kneipp hatte einst empfohlen, stets eine Wacholderbeere zu kauen – sie soll gesund erhalten.

TIPP

Medizin zum Aufsetzen – Wacholderbrillen – fertigt der Optiker Thomas Gut am Marktplatz 6 in Münsingen.

- Naturreservat Beutenlay, Wanderparkplatz Hopfenburg, 72525 Münsingen, Tel. (07 38 1) 18 21 45, www.münsingen.de
- ÖPNV: Biosphärenbus, Haltestation Hopfenburg oder Münsingen Bahnhof (ca. 30 Minuten Fußweg)

Ein Burgentraum

80 Blick auf Schloss Hohenzollern vom Zeller Horn

Das muss jetzt mal gesagt werden: Die Schwäbische Alb kann zwar karg sein, ist oft rau, und es war früher hart, hier zu leben. ABER: Was die bayerischen Nachbarn können, nämlich Romantik- und Märchenschlösser bauen, das konnten die Schwaben schon längst. Aber wie! Die Zutaten zu dieser schönen Welt, wie sie Märklin nicht idyllischer hätte bauen können, gibt es an vielen Orten: die schwäbische Eisenbahn, tiefe Wälder und liebliche Wiesen, blühende Obstwiesen und große Schafherden, Fachwerkstädtchen, Schlösser und Burgen. Und Letztere steht inmitten all dieser Pracht: Schloss Hohenzollern, perfektes Schloss in perfekter Umgebung. Atemberaubend schön. Man kann natürlich hineingehen und es sich ansehen. Man kann aber auch von außen draufschauen. Am allerschönsten vom Zeller Horn, auf dem gerade einmal zwei Kilometer weit entfernten Zollerberg, von wo der Blick aufs Schloss jegliches Postkartenmotiv um Längen schlägt. Das Gemäuer geht ins frühe Mittelalter zurück, sein heutiges Aussehen bekam es aber erst zu einer Zeit, als Burgen schon längst out, aber romantische Burgenträume in waren: im 19. Jahrhundert. Kronprinz Friedrich Wilhelm von Preußen fasste 1819 den Entschluss, die Stammburg des Hauses Hohenzollern wiederaufzubauen. Später, als König Friedrich Wilhelm IV., schrieb er in einem Brief von 1844: „Die Erinnerung vom J.19 ist mir ungemein lieblich und wie ein schöner Traum, zumal der Sonnenuntergang, den wir von einer der Schlossbastionen aus sahen, ... Nun ist ein Jugendtraum – Wunsch, den Hohenzollern wieder bewohnbar gemacht zu sehen ...“ Er verwirklichte sich seinen Traum mit einer der imposantesten Burganlagen Deutschlands. Ein vieltürmiger, neugotischer Schlosstraum ist entstanden. Burg Hohenzollern ist sogar ein Kino-Star, denn hier wurde das Märchen aller Märchen – Dornröschen – gedreht (ein weiterer Drehort war Burg Lichtenstein). Wie wunderbar es ist, Schloss Hohenzollern eingebettet in seine atemberaubende Natur vom Zeller Horn aus zu sehen.

- Traufgang Zollernburg-Panorama, nahe Höhengasthof und Wanderheim Nägelehaus mit Aussichtsturm und Gastronomie, Am Raichberg 1, 72461 Albstadt-Onstmettingen
- ÖPNV: Nauf-Nab-Trauf-Bus ab Tübingen Hauptbahnhof, Haltestelle Bisingen Bahnhof, weiter mit Bus 44, Haltestelle Nägelehaus

Bibliografische Informationen der Deutschen Nationalbibliothek
Die Deutsche Nationalbibliothek verzeichnet diese Publikation in der Deutschen Nationalbibliografie; detaillierte bibliografische Daten sind im Internet über http://dnb.d-nb.de abrufbar.

2. Auflage 2022
Konzeption/Satz: Droste Verlag, Düsseldorf
Einbandgestaltung und Illustrationen: Britta Rungwerth, Düsseldorf, unter Verwendung von Bildern von © Fotolia.com: jd – photodesign.de; © iStock: Plociennik Robert
Fotos: Cornelia Ziegler, außer:
S. 13: © VG Bild-Kunst, Bonn 2022, Stadtmuseum Tübingen/Foto: Christoph Jäckle; S. 29: Evangelische Akademie Bad Boll; S. 57: Weleda; S. 67: Haupt- und Landgestüt Marbach/Foto: Kube; S. 73: SPACE4 GmbH; S. 83: RiesKraterMuseum Nördlingen; S. 103: explorhino

FSC www.fsc.org
MIX
Papier aus verantwortungsvollen Quellen
FSC® C011279

Druck und Bindung: LUC GmbH, Greven
ISBN 978-3-7700-2473-5

www.droste-verlag.de